Michael Hyatt

Tradução
Fábio Alberti

MINDSET DO FOCO

Aprenda a eliminar as distrações e alcance mais resultados com menos esforço

COPYRIGHT © FARO EDITORIAL, 2023

**COPYRIGHT 2019 BY MICHAEL HYATT
ORIGINALLY PUBLISHED IN ENGLISH UNDER THE TITLE *FREE TO FOCUS* BY BAKER BOOKS, A
DIVISION OF BAKER PUBLISHING GROUP, GRAND RAPIDS, MICHIGAN, 49516, U.S.A.
ALL RIGHTS RESERVED.**

Todos os direitos reservados.
Nenhuma parte deste livro pode ser reproduzida sob quaisquer meios existentes sem autorização por escrito do editor.

Diretor editorial **PEDRO ALMEIDA**
Coordenação editorial **CARLA SACRATO**
Assistente editorial **LETÍCIA CANEVER**
Tradução **FÁBIO ALBERTI**
Preparação **RAQUEL SILVEIRA**
Revisão **THAÍS ENTRIEL**
Ilustração de capa e miolo **FREEPIK e VANESSA S. MARINE**
Capa e diagramação **VANESSA S. MARINE**

Dados Internacionais de Catalogação na Publicação (CIP)
Jéssica de Oliveira Molinari CRB-8/9852

Hyatt, Michael
  Mindset do foco : aprenda a eliminar as distrações e alcance mais resultados com menos esforço / Michael Hyatt ; tradução de Fábio Alberti. — São Paulo : Faro Editorial, 2023.
  192 p. : il.

  ISBN 978-65-5957-423-0

  1. Atenção 2. Produtividade I. Título II. Alberti, Fábio

23-3884   CDD 153.1532

Índices para catálogo sistemático:
1. Foco

1ª edição brasileira: 2023
Direitos de edição em língua portuguesa, para o Brasil, adquiridos por FARO EDITORIAL.
Avenida Andrômeda, 885 - Sala 310
Alphaville — Barueri — SP — Brasil
CEP: 06473-000
www.faroeditorial.com.br

Sumário

Começando a focar 7

PASSO 1 PARAR
1. FORMULAR: Decida o que você quer **19**
2. AVALIAR: Defina o seu rumo **34**
3. REJUVENESCER: Reenergize a sua mente e o seu corpo **52**

PASSO 2 CORTAR
4. ELIMINAR: Exercite o seu músculo do "não" **73**
5. AUTOMATIZAR: Subtraia a si mesmo da equação **91**
6. DELEGAR: Clone a si mesmo — ou ainda melhor **108**

PASSO 3 AGIR
7. CONSOLIDAR: Planeje a sua Semana Ideal **127**
8. ESPECIFICAR: Priorize suas tarefas **145**
9. ATIVAR: Anule interrupções e distrações **163**

Ponha o seu foco para funcionar 177
Notas 183

Começando a focar

No final, o que terá sido a sua vida senão a soma
de tudo aquilo em que você se concentrou?

OLIVER BURKEMAN

"Acho que estou tendo um ataque cardíaco!". De todas as maneiras de se terminar um delicioso jantar, essa está entre as piores.

Eu era um executivo da área editorial e estava em Manhattan a negócios. Um colega e eu terminávamos uma deliciosa refeição depois de um dia cheio quando a dor no meu peito começou. Eu não quis preocupar meu amigo nem passar vergonha, por isso ignorei a dor por algum tempo, esperando que passasse. Mas não passou. Eu sorria, eu ria, mas ouvia cada vez menos o que meu amigo dizia. Estava começando a entrar em pânico, mas tentei manter as aparências. A dor se intensificou. Por fim, eu não suportei mais e abruptamente revelei ao meu colega a situação em que me encontrava.

Meu amigo entrou em ação sem hesitar. Pagou a conta, chamou um táxi e me levou ao hospital mais próximo. Depois de alguns testes preliminares, o médico comunicou que todos os meus sinais vitais estavam em ordem. Não era um ataque cardíaco, afinal. Depois de um check-up completo, meu médico generalista também não encontrou nenhum problema. Eu estava bem! Mas a verdade é que eu não estava. No ano seguinte, eu voltei ao hospital mais duas vezes. Esses dois episódios acabaram sendo exatamente iguais ao primeiro. Os médicos continuaram a me dizer que o meu coração estava bem, mas eu sabia que havia algo de errado.

Desesperado, marquei uma consulta com um dos melhores cardiologistas de Nashville, onde eu moro. Ele me submeteu a uma bateria de exames e me chamou em seu consultório assim que os resultados chegaram. "Michael, seu coração está bem", ele disse. "Na verdade, você está em ótima forma. Seu problema é outro. Aliás, são dois problemas: refluxo ácido... e estresse". Ele me disse que um terço das pessoas que o procuram devido a dores no peito na verdade sofrem de refluxo ácido, e a maioria está atolada em estresse. "Você vai precisar cuidar desse estresse", ele me advertiu. "Se você não fizer disso uma prioridade, pode ter de voltar aqui com um problema real de coração".

Eu estava exatamente como as pessoas de que esse médico me falou: com excesso de trabalho e extremamente estressado. Eu já trabalhava num ritmo insano havia tanto tempo que nem conseguia me lembrar. E esse ritmo parecia não diminuir nunca. Na época, eu liderava uma sucursal da minha empresa, e tentava uma recuperação quase impossível (mais adiante falarei sobre isso). Eu já tinha mais prioridades do que poderia dar conta, e estava sendo arrastado para uma centena de direções diferentes. Eu era o centro do processo. Eu recebia todas as ligações, todos os e-mails, todos os textos. Eu trabalhava o dia inteiro, todos os dias da semana, num turbilhão ininterrupto de projetos, reuniões e tarefas – sem mencionar emergências, interrupções e distrações. Minha família estava aborrecida, minha energia e meu entusiasmo diminuíam cada vez mais, e agora a minha saúde se mostrava prejudicada.

A vida na Economia da Distração

Meu problema na época era fazer coisas demais – principalmente por minha própria conta. Só mais tarde percebi que focar em *tudo* significa não focar em *nada*. É quase impossível realizar algo significativo quando você está correndo atrás de uma interminável lista de tarefas e emergências. Contudo, é dessa maneira que muitos de nós passamos nossos dias, semanas, meses, anos – até mesmo nossa vida inteira.

A essa altura, já deveríamos saber mais a respeito disso. Ao longo de décadas, temos feito negócios na chamada Economia da Informação. Em 1969 e 1970, a Universidade Johns Hopkins e o Brookings Institution patrocinaram uma série de conferências sobre o impacto da tecnologia da informação. Um dos palestrantes, Herbert Simon, era um professor de ciência da computação e de psicologia que mais tarde ganhou um Nobel por seu trabalho em economia. Em sua apresentação, ele advertiu que o crescimento da informação poderia se tornar um fardo. Por quê? "A informação consome a atenção de quem a recebe", ele explicou, "e abundância de informação gera pobreza de atenção".[1]

Já não há mais escassez de informação. Mas há escassez de atenção. Na realidade, num mundo em que a informação está fartamente disponível, a concentração se torna um dos bens mais valiosos no local de trabalho. Para a maioria de nós, porém, o trabalho é o lugar mais difícil para se obter concentração. A verdade é que nós vivemos e trabalhamos na Economia da Distração. Como diz o jornalista Oliver Burkeman: "A sua atenção é bombardeada com spams o dia inteiro".[2] E deter o fluxo de dados e interrupções pode ser impossível.

Considere o e-mail. Coletivamente, nós enviamos mais de duzentos milhões de e-mails a cada minuto.[3] Profissionais já iniciam o dia mergulhados em centenas deles, com mais centenas a caminho.[4] Mas a coisa não para por aí. Há também os feeds de dados, as chamadas telefônicas, as mensagens de texto, as mensagens instantâneas, visitas rápidas e reuniões contínuas, e ainda problemas repentinos que inundam nossos celulares, computadores, tablets e locais de trabalho. Pesquisas mostram que nós somos submetidos a interrupção ou distração a cada três minutos em média.[5] "Ainda que a tecnologia digital tenha levado a um aumento significativo da produtividade", diz Rachel Emma Silverman, do *Wall Street Journal*, "o dia de trabalho moderno parece feito sob medida para destruir o foco individual."[6]

Nós todos passamos por isso. Nossos aparelhos, aplicativos e ferramentas nos fazem pensar que estamos economizando tempo, que estamos sendo hiperprodutivos. Mas a realidade é que a maioria de nós preenche o dia com a agitação e o trabalho maçante de uma atividade de baixo valor. Nós não investimos nosso tempo em projetos grandes e importantes. Em vez disso, somos tiranizados por tarefas pequenas. Dois consultores de RH descobriram que "cerca de metade do trabalho que as pessoas fazem não resulta em benefícios para as estratégias das [suas] organizações". Em outras palavras, metade do esforço e das horas investidas não produz resultados positivos para o negócio. O nome dado a isso é "trabalho falso".[7] Nós estamos trabalhando mais e obtendo menos, o que nos deixa com um enorme hiato entre o que nós queremos alcançar e o que de fato alcançamos.

O que isso nos custa

O custo de todo esse desperdício de tempo e de talento é descomunal. Dependendo dos estudos que consultamos, o tempo total perdido por dia para funcionários de escritório é de três horas ou mais – até seis horas.[8] Digamos que você trabalhe 250 dias por ano (365 dias menos finais de semana e duas semanas de férias). Isso representa entre 750 e 1.500 horas de tempo

perdido por ano. O baque anual sobre a economia norte-americana chega a 1 trilhão de dólares.[9] Mas isso é abstrato demais.

Em lugar disso, pense nas iniciativas malogradas, nos projetos adiados e no potencial não realizado – especificamente, *suas* iniciativas malogradas, *seus* projetos adiados e *seu* potencial não realizado. Ao longo dos anos, eu já consultei milhares de líderes e empreendedores atarefados, e isso é o que mais ouço dos meus clientes. O valor em dólares da produtividade perdida importa muito, mas não é o que dói mais. O que mais fere são todos os sonhos que acabaram inexplorados, os talentos que acabaram ignorados, as metas que acabaram não sendo atingidas.

Entre os projetos que queremos realizar e a enorme quantidade de outras atividades – algumas das quais são legitimamente importantes, enquanto outras apenas recebem um disfarce de importância –, nós acabamos por nos sentir esgotados, desorientados e sobrecarregados. Segundo o Gallup, cerca de cinquenta por cento das pessoas diz não ter tempo suficiente para fazer o que deseja fazer. Para as pessoas com idades entre 35 e 54 anos, ou pessoas com filhos de menos de dezoito anos, o número é maior: em torno de sessenta por cento.[10] Do mesmo modo, seis em cada dez pessoas avaliadas pela Associação Americana de Psicologia em 2017 disseram estar estressadas no trabalho, e quase quatro em cada dez disseram que não é resultado de projetos isolados: é constante.[11] O estresse tem seu lado positivo, mas não quando não conseguimos executar com êxito o que mais importa e a tensão se torna incessante.

Parece que a única maneira de absorver esses custos é deixar que o trabalho roube as nossas noites e invada os nossos fins de semana. Um estudo realizado pelo Center for Creative Leadership [Centro de Liderança Criativa], por exemplo, revelou que profissionais com smartphones – ou seja, praticamente todos nós agora – ficam envolvidos com o seu trabalho mais de setenta horas por semana.[12] De acordo com um estudo encomendado pela companhia de software Adobe, todos os dias os trabalhadores norte-americanos passam mais de seis horas checando o e-mail. A fim de economizarem tempo para o resto do dia de trabalho, oitenta por cento desses trabalhadores checam seus e-mails antes de chegarem aos seus escritórios, e trinta por cento fazem isso antes mesmo de saírem da cama pela manhã.[13] Segundo outro estudo, dessa vez realizado pela GFI Software, quase quarenta por cento das pessoas checam o e-mail depois das 11 da noite, e três quartos o checam nos finais de semana.[14] Curiosamente, aplicativos de bate-papo como o Slack, para equipes de empresas, parecem tornar isso ainda pior.

É como se estivéssemos trabalhando do lado errado do Espelho da história de Alice. "*Aqui* você precisa correr o quanto puder para permanecer no mesmo

lugar", a Rainha Vermelha diz a Alice. "Se quiser chegar a outro lugar qualquer, então você terá de correr pelo menos duas vezes mais rápido que isso!"[15] Para manterem o ritmo, algumas pessoas recorrem a anfetaminas e drogas psicodélicas para obterem alguma vantagem.[16] Ainda que admitamos os supostos benefícios de drogas que melhoram a capacidade cognitiva, e subestimemos as preocupações sociais e com a saúde, que tipo de mundo criamos quando temos de corromper nossa neuroquímica para nos mantermos competitivos?

Esse tipo de corrida traz seus próprios custos. Longas horas de trabalho não apenas contribuem diretamente para a sensação de estresse permanente como também roubam de nossa saúde, de nossos relacionamentos e de nossos interesses pessoais o tempo que lhes cabe por direito. Atravesse a noite trabalhando e perca o seu sono. Saia mais cedo para o trabalho e deixe de fazer a sua corrida matinal. Cheque o seu e-mail durante o jogo de futebol dos seus filhos e perca os lances e gols da partida. Adiante uma apresentação, e você terá de remarcar aquele encontro com o seu cônjuge... mais uma vez.

Os custos se resumem a escolhas. Todos os dias nos vemos constantemente fazendo juízos de valor, decidindo o que vale realmente a pena focar. Desde o início da minha carreira – lamento dizer –, eu escolhi os negócios com grande frequência. Agora eu sei que essas escolhas tornaram impossível que eu desse às minhas tarefas de alto valor, à minha saúde, aos meus relacionamentos e aos meus interesses pessoais o tempo e a atenção – o foco – que mereciam. E, nas palavras de Oliver Burkeman: "No final, o que terá sido a sua vida senão a soma de tudo aquilo em que você se concentrou?".[17]

O ritmo de trabalho na Economia da Distração pode ser implacável. Com que frequência você se sente como Alice, correndo o mais rápido que consegue apenas para continuar no mesmo lugar – e duas vezes mais rápido que isso para avançar?

Produtividade contraproducente

Para compensar esses custos, muitos de nós recorremos aos sistemas de produtividade. Se estamos ficando para trás como Alice, nós calculamos, talvez possamos correr mais rápido! Então exploramos o Google em busca de dicas e táticas. Buscamos na Amazon e na App Store ideias e ferramentas para administrar o nosso tempo e aumentar a nossa eficiência.

Foi o que eu fiz. Depois do susto com o meu coração, eu percebi que não poderia continuar no mesmo ritmo. Tinha de haver uma alternativa melhor. Estudei todos os sistemas de produtividade que pude. Testei, reformulei e ajustei cada um deles. Pouco a pouco isso fez diferença, e eu comecei a compartilhar minhas descobertas e aplicações. Por esse motivo, iniciei meu blog quinze anos atrás. Foi um laboratório de produtividade para mim e para os meus leitores. Embora eu fosse então CEO de uma grande editora, acabei ganhando reconhecimento como especialista em produtividade. Mais tarde, fundei uma empresa de desenvolvimento de liderança, e agora treino centenas de clientes e ensino a outros milhares sobre produtividade todos os anos.

Naqueles primeiros dias, eu buscava uma maneira de fazer mais – ou pelo menos o mesmo que já fazia, mas um pouco mais rápido – sem me matar no processo. Mas não demorei a perceber que acompanhar o ritmo da Rainha Vermelha não era a resposta. O grande passo aconteceu quando eu me dei conta de que a maioria das "soluções" de produtividade na verdade pioram as coisas. Quando eu comecei a trabalhar com empresários, executivos e outros líderes, eles costumavam me dizer que produtividade é sinônimo de fazer mais e fazer mais rápido. Ocorre que os nossos instintos acerca de produtividade vêm da época da manufatura, quando as pessoas realizavam uma série definida de tarefas repetitivas e podiam aumentar a lucratividade com ganhos marginais na execução. Mas esse não é o meu trabalho. Não é o trabalho das pessoas que eu treino. E posso apostar que também não é o seu trabalho. Nos dias de hoje, temos uma incrível variedade de tarefas e contribuímos para a lucratividade com projetos novos e significativos, não com pequenos melhoramentos em processos existentes.

E essa é a raiz do problema. Quando abordamos a produtividade com a mentalidade antiga, nós atraímos o esgotamento que tentamos evitar e não conseguimos atingir nosso verdadeiro potencial. Ninguém pode acompanhar o ritmo da Rainha Vermelha. E correr mais rápido não ajudará se você estiver tomando a direção errada. É hora de repensar todo o modelo.

COMEÇANDO A FOCAR

Uma nova abordagem

Os líderes empresariais mais produtivos que eu treinei sabem que produtividade não significa fazer mais coisas; significa fazer o que tem de ser feito. Significa começar cada dia com objetividade e terminá-lo com a sensação de satisfação, realização e energia de sobra. Significa obter mais fazendo menos – e este livro mostra a você como conseguir isso.

Free to Focus é um sistema de produtividade completo que segue três passos simples, compostos de três ações cada um. Eu organizei os passos de maneira a ajudá-lo a ganhar impulso à medida que avançar, portanto resista à tentação de pular algum passo.

Passo 1: Parar. Eu sei o que você está pensando: "Parar? Essa não pode ser a palavra certa. O primeiro passo num sistema de produtividade não deveria ser *Avançar*?". Não. Na verdade, é nesse ponto que a maioria dos sistemas de produtividade falha. Eles já começam mostrando a você como trabalhar melhor ou mais rápido, mas nunca param para perguntar: *Por quê? Qual é o propósito da produtividade?* Há muito em jogo na resposta a essa pergunta. A menos que você primeiro saiba *por que* está trabalhando, você não pode avaliar corretamente *como* está trabalhando. É por isso que *Free to Focus* sugere que você deve parar para ter um autêntico início.

A sua primeira medida será *Formular*. Isso o ajudará a compreender o que você deseja da produtividade. Nós ressignificaremos a produtividade a fim de que ela funcione no mundo real, e não do lado errado do Espelho. Sua segunda medida será *Avaliar*, identificando e separando a sua atividade de alto impacto do trabalho intenso de baixo impacto. Você também descobrirá uma ferramenta que, se usada do modo correto, revolucionará completamente a sua dinâmica de gasto de energia – como, quando e onde você gasta a maior parte da sua energia. Por fim, você *Rejuvenescerá* quando descobrir como tirar proveito do descanso para incrementar os seus resultados.

Passo 2: Cortar. Assim que você tiver uma ideia clara a respeito de onde está e do que quer, é hora de avançar para o Passo 2: Cortar. Nele, você descobrirá que o que você *não faz* é tão importante quanto o que você faz. Michelangelo não criou *Davi* juntando mármore. Portanto, pode preparar o seu formão!

Produtividade não significa fazer mais coisas; significa fazer o que precisa ser feito.

Em primeiro lugar, você irá *Eliminar*. Você descobrirá as duas palavras mais poderosas no âmbito da produtividade, e como usá-las para banir os ladrões de tempo que roubam as suas horas. Em segundo lugar, você irá *Automatizar* processos, realizando de modo secundário tarefas de baixo impacto sem muito esforço; isso lhe trará um ganho de tempo e de atenção. Por fim, você irá *Delegar*. Trata-se de uma palavra assustadora para muitas pessoas, mas não se preocupe. Vou revelar um método eficaz para garantir que o trabalho retirado das suas costas seja feito segundo os seus padrões.

Passo 3: Agir. Depois de remover tudo o que não for essencial, é hora da execução. Nessa seção, você aprenderá a realizar suas tarefas de alto impacto em menos tempo e com menos estresse – o que é ainda melhor.

A sua primeira medida aqui é *Consolidar*, o que o ajudará a aproveitar três categorias diferentes de atividade e a maximizar seu foco. Em seguida, você irá *Especificar*. Isso significa que você aprenderá a organizar tarefas para que elas se ajustem à sua agenda, evitando a tirania da urgência. Por último, você irá *Ativar* eliminando interrupções e distrações e tirando o máximo proveito das suas habilidades e conhecimentos especiais.

Durante o nosso percurso, você conhecerá alguns dos clientes que eu treinei e que precisaram colocar em prática essas lições na vida deles. Eu mostrarei a você como fazer a mesma coisa. Cada uma das nove ações termina com exercícios que o ajudarão a pôr esses passos em prática imediatamente. Não pule essas atividades. Elas foram feitas sob medida para garantir o seu sucesso. Chegaram ao fim as interrupções incessantes e as listas de tarefas fora de controle que sabotavam os seus dias. E chegaram ao fim as noites em que você caía exausto na cama depois de um dia cheio, sem saber ao certo o que havia realizado.

É hora de apertar o botão de reinicialização da sua vida e finalmente implementar um sistema que garante o tempo e a energia necessários para que você complete com sucesso as suas metas mais importantes, dentro e fora do escritório.

Você consegue imaginar isso? Pode imaginar como será quando você sentir que o seu tempo está sendo empregado onde você quer que seja, quando *você* decidir como gastará a sua preciosa energia, e quando você se deitar para dormir à noite sentindo-se ainda energizado após um dia produtivo e satisfatório? Eu espero que você possa, porque esse momento está chegando. Você realmente pode realizar mais fazendo menos. Dê o primeiro passo e descubra como.

AVALIE A SUA PRODUTIVIDADE

Antes de começarmos, eu recomendo que você faça a Avaliação de Produtividade *Free to Focus* – se ainda não fez isso. Acesse FreeToFocus.com/assessment. É rápido e fácil, e é essencial ter os parâmetros da sua produtividade atual. Não se recrimine se a sua pontuação for baixa. Foi por isso que você comprou este livro, não foi? Você já está ciente de que existem problemas, por isso não há motivo para tentar escondê-los agora. E se a sua pontuação for alta, não pense que está pronto para deixar este livro de lado tão rápido. Por melhor que seja o seu desempenho agora, existe sempre outro nível de sucesso para aqueles que se dedicam a buscá-lo. Obtenha a sua pontuação em produtividade pessoal em FreeToFocus.com/assessment.

PASSO 1

PARAR

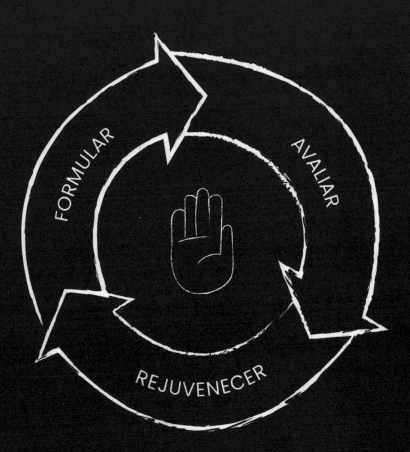

1

Formular

Decida o que você quer

— Por favor, poderia me dizer que caminho eu
devo tomar a partir daqui?
— Bem, vai depender muito do lugar para onde
você quer ir.

ALICE E O GATO DE CHESHIRE

No famoso seriado de comédia *I Love Lucy*, da década de 1950, há um episódio em que as protagonistas Lucy e Ethel são contratadas por uma fábrica de chocolate, e seu trabalho é embrulhar trufas que passam diante delas numa esteira rolante. Sua gerente ameaça despedi-las se um único chocolate passar sem ser embrulhado. As duas começam bem, mas logo perdem o controle e veem os doces passarem rapidamente por elas. Lucy e Ethel então começam a enfiar os doces na boca, e a encher os chapéus com o excedente. Quando o massacre finalmente termina, a gerente chega para inspecionar o trabalho delas.

Onde enfiaremos todas as tarefas, pesquisas e compromissos que encontramos no trabalho? Como Lucy e Ethel, quando nós conseguimos dar conta do excesso de trabalho, a nossa recompensa é mais trabalho ainda!

Ela não percebe que Lucy e Ethel estão escondendo todos os doces que não embalaram, e conclui que elas conseguiram fazer um bom trabalho. A recompensa delas? "Aumente a velocidade!", grita a gerente para a pessoa que controla a esteira rolante.

Quase todas as pessoas que conheço se sentem às vezes como Lucy e Ethel, inclusive eu mesmo. Há quem se sinta assim na maior parte do tempo. Mas não são chocolates que correm na nossa direção: são e-mails, mensagens de texto, telefonemas, relatórios, apresentações, reuniões, prazos – uma interminável esteira rolante cheia de novas coisas para fazer, corrigir ou ponderar. Estamos sendo tão produtivos quanto podemos, mas só é possível lidar com certa quantidade de trabalho.

Por isso, nós empurramos as tarefas extras para as nossas noites, e enchemos nossos finais de semana com projetos que não conseguimos terminar durante a semana de trabalho. Tudo isso se acumula na linha de montagem em nossa mente, reivindicando nossa energia física, mental e emocional. Por esse motivo, buscamos dicas e técnicas de produtividade – para encontrar maneiras de poupar alguns minutos das incontáveis tarefas que exigem a nossa atenção. Se pudéssemos embrulhar cada chocolate somente uma fração de segundo mais rápido, daí quem sabe nós seríamos capazes de prosseguir. Alguns podem até fazer essa abordagem funcionar. Mas é uma abordagem equivocada, porque não atinge a raiz do problema. Ou somos capazes de lidar com o ritmo implacável de modo

muito eficiente ou somos tragados por ele. Seja como for, nós nunca paramos para perguntar por que nos sujeitamos a isso.

Então, vamos parar e perguntar: Afinal, o que queremos de nossa produtividade? Qual é o propósito? Quais são os objetivos? A verdadeira produtividade começa quando temos clareza a respeito do que realmente queremos. Neste capítulo, eu vou ajudá-lo a formular a sua própria visão de produtividade – uma visão que funcione para você, não para o gerente que grita "Mais rápido!". Isso é importante porque, sejamos honestos, algumas vezes esse gerente somos nós. Do lado errado do Espelho, às vezes nós não somos Alice; nós somos a Rainha Vermelha.

Para chegar ao centro do problema, nós exploraremos três objetivos comuns de produtividade. Alerta de spoiler: Os dois primeiros são bastante comuns, mas geralmente ineficazes. O terceiro, contudo, será um divisor de águas para você.

Objetivo 1: Eficiência

Pergunte a qualquer pessoa sobre o propósito da produtividade, e é bem provável que você ouça algo a respeito de eficiência como resposta. Isso geralmente se baseia na suposição de que trabalhar mais rápido é naturalmente melhor. Porém, isso pode facilmente nos trazer problemas, porque eu acredito que as pessoas tentam trabalhar mais rápido apenas para poderem espremer mais coisas ainda em seu dia já tomado de afazeres.

A produtividade como um conceito surgiu do trabalho de especialistas em eficiência como Frederick Winslow Taylor no final do século XIX e no início do século XX. Usando sua experiência em engenharia com trabalhadores de fábrica, Taylor identificou maneiras de aumentar a eficiência deles – normalmente reduzindo, ou mesmo eliminando, a autonomia dos trabalhadores. "O sistema vem em primeiro lugar", ele afirmava, e isso teria de ser "imposto" por meio de gerenciamento.[1] Taylor instruiu os gerentes a ditar aos trabalhadores métodos e rotinas nos mínimos detalhes, eliminando todo e qualquer desperdício ou empecilho. Essa abordagem, conhecida como Taylorismo, produziu resultados. As fábricas experimentaram um aumento na eficiência com trabalhadores fazendo mais em menos tempo; mas isso teve um custo. Limitando a vontade e a liberdade dos empregados, Taylor praticamente os transformou em robôs da indústria.

Taylor morreu há mais de cem anos, mas nós ainda tentamos seguir o mesmo modelo básico de eficiência: trabalhar muitas horas e realizar o

maior número possível de tarefas, o mais rápido que pudermos. O problema é que nós não somos trabalhadores fabris; somos, a maioria de nós, trabalhadores do conhecimento. Somos contratados mais por nosso desempenho mental do que por nosso trabalho físico. Desse modo, nós costumamos ter enorme controle sobre o nosso tempo e uma grande autonomia na realização de nossas tarefas diárias. Trabalhadores de fábrica do século XX executavam a mesma série de tarefas o dia inteiro, todos os dias da semana, ao passo que nós somos constantemente surpreendidos por novos desafios, oportunidades e problemas. Todas essas coisas exigem uma enorme quantidade de energia mental, não apenas para encontrar soluções, mas algumas vezes apenas para seguir em frente.

O objetivo de Taylor era encontrar maneiras de aumentar a velocidade do trabalho. Porém, quando aplicamos isso em economia baseada no conhecimento, o trabalho jamais parece ter fim. Há sempre uma nova ideia para considerar ou um problema para resolver; e quando temos um bom desempenho e completamos nosso trabalho, nós somos recompensados com – você já sabe – mais trabalho. Nós estamos presos à famosa roda de hamster, correndo com afinco e o mais rápido que podemos, mas sem fazer nenhum progresso real em nossa lista de projetos e tarefas que não para de crescer. Nós temos muito medo de diminuir o ritmo e acabarmos ficando irremediavelmente para trás. Se tentarmos sair da roda, talvez nunca mais consigamos voltar, por isso continuamos correndo. Por que você acha que as pessoas em sua maioria checam seus e-mails de trabalho nos telefones celulares o dia inteiro, a noite inteira, o fim de semana inteiro – mesmo quando estão de férias? Porque não suportam a ideia de deixar que se acumulem por algumas horas, por um dia ou – Deus nos livre – um fim de semana inteiro.

"Acredito que produtividade seja simplesmente produzir mais", disse-me Matt, um dos meus clientes de coaching. Como fundador e presidente de uma empresa de aquecimento e calefação multimilionária, Matt afirmou que conseguir realizar mais sempre foi uma de suas preocupações. "Quanto mais coisas você termina, mais tempo tem para fazer algo mais – e assim está sempre agarrando seja lá o que apareça. Dessa maneira, se eu tivesse mais margem de manobra eu poderia realizar mais, o que geraria mais renda e mais projetos. Trata-se sempre de se buscar mais".

Nós voltaremos ao caso de Matt mais adiante. Por enquanto é suficiente dizer que a pergunta crucial não é "Eu posso fazer esse trabalho de maneira mais rápida, mais fácil e mais barata?". A pergunta crucial é "Eu deveria realmente fazer esse trabalho?". Ter clareza sobre essa questão é mais

importante agora do que nunca, pois a tecnologia nos dá acesso sem precedentes à informação, a outras pessoas e, é claro, ao nosso trabalho. Agora podemos trabalhar onde e quando quisermos. Nossas maravilhas tecnológicas não tornaram as coisas melhores. Na verdade, elas pioraram as coisas. O smartphone chegou com a promessa de facilitar a realização do nosso trabalho, aumentar nossa eficiência e nos proporcionar mais tempo para as coisas que importam. Mas o seu smartphone ou tablet magicamente deu a você mais tempo livre? Posso apostar que lhe deu justamente o contrário.

Teoricamente, nos tempos atuais nós podemos ser mais eficientes do que em qualquer outro tempo na história. Há quinze anos, a maioria das pessoas nem era capaz de imaginar tudo o que nós podemos fazer hoje com os supercomputadores que carregamos em nossos bolsos. Podemos telefonar, trocar e-mails, agendar, gerenciar tarefas, fazer videoconferências, revisar planilhas, criar documentos, ler relatórios, enviar mensagens a clientes, reservar viagens, encomendar suprimentos, criar apresentações – enfim, podemos fazer praticamente qualquer coisa diretamente dos nossos celulares. Nós podemos fechar negócios entre uma e outra parada no sinal vermelho, e verificar contas enquanto esperamos na fila do supermercado – aliás, nem mesmo precisamos esperar na fila, porque podemos simplesmente fazer nosso pedido ao supermercado por meio de um aplicativo.

Eu amo tecnologia, sou um completo geek! Mas compreendo a tecnologia bem melhor agora do que no início. Novas soluções tecnológicas podem nos tornar capazes de trabalhar mais rápido; porém, o mais importante é que a eficiência traz consigo a tentação e a expectativa de trabalhar *mais*. Todo o tempo que economizamos com dicas de eficiência nós usamos para espremer ainda mais tarefas em nosso dia. Nós descobrimos um modo de aumentar a velocidade da nossa própria esteira rolante, e agora estamos nos afogando em chocolates e não temos lugar para despejar o excedente.

Objetivo 2: Sucesso

Se a eficiência não é a melhor meta para os nossos esforços de produtividade, qual seria essa meta? Incrementar o nosso sucesso?

Parece razoável supor que aprimorar a produtividade levará a um maior sucesso, não é? Bem, de certa forma. Perseguir a noção vaga de sucesso em si mesma pode nos trazer problemas. A questão é que a maioria de nós nunca tentou definir o significado do sucesso. É como disputar uma corrida sem linha de chegada, ou sair de viagem sem saber aonde queremos ir. Se não

tivermos um destino claro, como saberemos se já chegamos lá? Isso é mais problemático nos Estados Unidos, onde se consome muito o mito do *mais*. Nós nos esforçamos por mais mercadorias, mais clientes, mais lucros. Isso nos permite adquirir mais coisas: mais casas, mais brinquedos, mais férias caras, mais carros. E isso pode, por sua vez, levar a mais trabalho ainda, a mais estresse e, por fim, a mais esgotamento.

Roy é mais um dos meus clientes de coaching. Ele é gerente de conta nacional de uma grande madeireira, e essa era a sua luta. "Segundo os padrões da nossa indústria, eu era bastante produtivo, mas não estava cumprindo as minhas próprias metas e cheguei a um ponto de grande estagnação", disse-me ele. "Eu estava exausto, esgotado, estressado e ainda não conseguia cumprir as minhas metas. Então eu tentei trabalhar ainda mais". Já alcançando a marca de setenta horas por semana – às vezes mais –, Roy acreditava que a única coisa que lhe traria sucesso era mais correria.

"Eu acreditava que se continuasse seguindo nesse ritmo chegaria a outro patamar, mas estava muito enganado. Eu realmente pensava que trabalhar mais horas me ajudaria a cumprir minhas metas, mas isso apenas me empurrou mais para um estado de quase esgotamento." O dano emocional atingiu primeiro a sua família, mas depois se estendeu ao próprio trabalho. Sua capacidade de trabalhar bem com seus colegas ficou prejudicada. "Eu estava esgotado quando começava o dia e esgotado quando chegava ao fim dele", admitiu ele.

É um ciclo vicioso, e cobra um preço alto de muitas pessoas. De acordo com o Gallup, a semana de trabalho do norte-americano médio aproxima-se mais de cinquenta horas que de quarenta. E uma em cada cinco pessoas trabalha sessenta horas ou mais.[2] Talvez você pense que estamos falando de operários que cumprem longos turnos, mas não. Quem acumula o maior número de horas são profissionais e funcionários de escritório.[3] Em um estudo envolvendo mil profissionais, quase todos – noventa e quatro por cento – afirmaram trabalhar cinquenta horas ou mais por semana. Desse percentual, quase metade trabalhava mais de sessenta e cinco horas. Se levarmos em conta longas viagens, compromissos familiares e outras questões, até mesmo agendas não tão cheias nos levam a avançar sobre a nossa reserva de tempo; o mesmo estudo revelou que profissionais gastam de vinte a vinte e cinco horas por semana fora do escritório monitorando o trabalho com seus smartphones.[4]

Nós vivemos numa época de "trabalho total" – expressão cunhada pelo filósofo alemão Josef Pieper –, na qual o trabalho é que rege a vida, e não o contrário.[5] E os resultados são deprimentes. Mais da metade dos

funcionários se dizem emocionalmente exauridos, quarenta por cento deles trabalham nos finais de semana pelo menos uma vez por mês, um em cada quatro continua trabalhando depois do expediente, e cinquenta por cento deles afirmam que não conseguem nem mesmo sair de suas mesas para uma pausa.[6] Quando a Kronos Incorporated e a Future Workplace consultaram mais de seiscentos líderes em recursos humanos, noventa e cinco por cento deles informaram que o esgotamento está minando os seus esforços de retenção de funcionários. Eles identificaram baixos salários, jornadas longas e excesso de trabalho como os fatores que mais contribuem para isso.[7] Como seria de se esperar, uma recente pesquisa Global Benefits Attitudes com trabalhadores constatou que funcionários estressados têm taxas significativamente mais altas de absenteísmo e taxas de produtividade mais baixas que as de seus colegas mais saudáveis e felizes.[8] O que mais preocupa, porém, é que, segundo os pesquisadores, o estresse no local de trabalho causa pelo menos 120 mil mortes por ano apenas nos Estados Unidos.[9] Durante os anos 1970, no Japão, o problema era tão grave que uma palavra foi cunhada para ele: *karoshi*, "morte por excesso de trabalho".[10]

Se a nossa busca por aumentar a produtividade tem o propósito de alcançar alguma noção vaga de "sucesso", então é evidente que não estamos fazendo isso direito. Doença, morte, agonia não parecem ser sinais de sucesso para mim. Nós não somos robôs. Precisamos de tempo livre, descanso, momentos com a família, lazer, diversão, exercícios. Precisamos de grandes intervalos de tempo quando não estamos pensando em trabalho, quando isso nem mesmo está em nosso radar. Algumas vezes, contudo, a implacável busca por "sucesso" nos mantém sempre em frente, sempre empenhados e sempre disponíveis. Essa é uma receita para o fracasso, tanto para você como para o seu empregador. Sim, o sucesso é um motivador poderoso – mas somente quando você realmente compreende o que significa sucesso para você.

Objetivo 3: Liberdade

Se a produtividade não está ligada fundamentalmente ao aumento da eficiência e à obtenção de sucesso crescente, qual é o seu propósito então? Por que devemos nos importar? Isso nos leva ao objetivo real, e à base fundamental de *Free to Focus*: *a produtividade deve libertá-lo para que você busque o que é mais importante para você*. A liberdade deve ser a meta, o verdadeiro objetivo da produtividade. Eu defino liberdade de quatro maneiras.

1. Liberdade para focar. Se você quiser controlar a sua agenda, aumentar sua eficiência e seus resultados e gerar mais espaço em sua vida para as coisas que de fato importam para você, então terá de aprender a ter foco. Eu me refiro à capacidade de se concentrar e se aprofundar no trabalho que gera um impacto significativo, trabalho que faz a agulha se mover com força. Você deseja que o seu trabalho resolva problemas reais em seu mundo, para que possa ir dormir toda noite sabendo exatamente o que realizou e que progresso fez para alcançar suas metas.

Procure se lembrar das duas últimas semanas. Durante quanto tempo você teve liberdade para focar – para realmente se concentrar – em seu trabalho? Tempo para se sentar e se lançar a uma tarefa com absoluta atenção: sem distrações, sem telefonemas, sem mensagens de texto nem e-mails, nem ninguém passando para dizer olá ou lhe perguntar algo que para você não tem a menor importância? Se você for como a maioria de nós, eu duvido que tenha tido tanto tempo assim recentemente.

Mesmo quando tentamos nos esconder trabalhando fora da empresa (em casa ou num café, por exemplo), a acessibilidade permanente do smartphone e do computador representa uma porta aberta para um milhão de diferentes distrações.

Como já vimos, o trabalhador médio se depara com uma distração a cada três minutos. Mais adiante neste livro, nós trataremos do impacto que cada uma dessas pequenas interrupções causa sobre a nossa capacidade de focar. Mas saiba desde já que não é nada bom. E se você acabou de reparar que quase nunca consegue se concentrar em uma tarefa por mais de três minutos, não desanime. Você não está sozinho. Esse sistema inteiro foi projetado para lhe devolver o foco que você está perdendo. Confie em mim, nós chegaremos lá.

2. Liberdade para estar presente. Quantas noites românticas você passou pensando, falando ou se preocupando com trabalho? Quantas vezes você checa seu e-mail ou suas mensagens de trabalho quando sai na companhia da família ou de amigos? As estatísticas que chegam até nós exibem um quadro bastante desolador a respeito da nossa capacidade de nos desconectarmos do escritório e focarmos nossos relacionamentos, nossa saúde e nosso bem-estar pessoal. Mesmo quando não estamos tecnicamente trabalhando, ainda assim arrastamos conosco por toda parte as nossas tarefas não resolvidas.

A produtividade deve libertá-lo para que você busque o que é mais importante para você.

Quando não conseguimos nos desvencilhar das nossas obrigações de trabalho, nós não podemos estar de fato presentes para a nossa família ou os nossos amigos, nem ter um período de necessário descanso. O *Onion* satirizou o problema numa peça intitulada "Man on Cusp of Having Fun Suddenly Remembers Every Single One of His Responsibilities" [Homem a um passo de se divertir subitamente se lembra de cada uma das suas responsabilidades"]. Participando de um churrasco na casa de um amigo, o homem estava "tentadoramente perto de enfiar o pé na jaca", mas então se lembrou "dos e-mails do trabalho que ainda tinham de ser verificados, dos prazos de projetos que estavam perto de expirar... e de telefonemas que ele tinha de retornar". Depois de estar "muito perto de ter diversão de verdade", ele "agora estava mentalmente preparado para apresentar um projeto".[11] Nós rimos porque é mesmo verdade.

Eu não estou interessado numa eficiência que apenas me traz mais tempo para trabalhar durante mais horas, ou num sucesso que me impele a trabalhar quando eu deveria estar me divertindo. Eu estou em busca de *produtividade*, não de eficiência, e isso significa assegurar margem de manobra substancial, que me permita estar totalmente presente em qualquer lugar, seja onde for. Quando estiver no trabalho, isso significa que estou totalmente presente no trabalho. Quando estiver jantando com minha mulher, Gail, isso significa que estou totalmente presente ao lado dela. As pessoas importantes da minha vida merecem o melhor de mim, e eu não quero tratá-las com desatenção apenas para poder gastar mais tempo e energia me preocupando com trabalho.

3. Liberdade para ser espontâneo. Isso pode parecer tolice para alguns, mas eu sempre priorizei a liberdade de ser espontâneo. Muitos de nós temos nossa vida meticulosamente planejada até o último minuto, e não vamos tolerar interrupções nem desvios. Esse não parece ser um modo agradável de levar a vida. Em vez disso, imagine ser capaz de largar seja lá o que você estiver fazendo se os seus filhos ou netos aparecerem para dizer olá. Esse tipo de espontaneidade acontece apenas quando você cria espaço em sua vida, e deriva da verdadeira produtividade. Quando você sabe que as tarefas mais importantes estão asseguradas e evita se comprometer com mais do que você pode lidar com tranquilidade, você descobre a liberdade de ser espontâneo.

4. Liberdade para não fazer nada. Nós estamos sempre em atividade, e consideramos isso uma virtude. Como veremos, porém, essa nossa cultura de "jamais parar" acaba minando a nossa produtividade. E também mina o nosso trabalho. Quando Gail e eu visitamos a Toscana, nós descobrimos

la dolce far niente – a delícia de não fazer nada. Trata-se de uma aptidão nacional na Itália. Norte-americanos geralmente sentem culpa quando não fazem nada. Eu confesso que às vezes me sinto improdutivo durante intervalos em que não me ocupo de nenhuma tarefa. Mas aí é que está o problema.

O cérebro não foi projetado para funcionar sem parar. Quando paramos e colocamos as coisas em ponto morto, as ideias fluem por si sós, as lembranças se organizam por conta própria, e nós damos a nós mesmos uma chance de descansar. Se você pensar bem, na sua vida profissional ou pessoal, a maioria das suas ideias importantes surgiu quando você se encontrava relaxado o bastante para deixar a sua mente vagar. A criatividade depende dos momentos de desligamento; isso significa que não fazer nada de tempos em tempos é uma vantagem competitiva.

Fazer o que tem de ser feito

O tipo de liberdade de que estou falando pode soar inconcebível para você agora, mas eu prometo que é possível. A primeira medida que o levará a se tornar livre para focar é ver claramente qual é o seu objetivo. Nós já entendemos que o melhor objetivo deve ser alcançar liberdade para focar o que é mais importante para você. Como eu já disse antes, produtividade não significa fazer *mais* coisas; significa fazer o que tem de ser feito. Esse é o propósito deste livro – ajudá-lo a obter mais fazendo menos.

Como nós definimos *fazer menos*? No restante deste livro essa pergunta será respondida, mas trata-se basicamente de cortar todas as tarefas que têm devorado o seu tempo e que não o entusiasmam, não são importantes para você e, honestamente, tarefas nas quais você nem mesmo é bom. Coisas maravilhosas acontecem quando você começa a focar principalmente o que faz melhor e elimina ou delega o resto. Você experimentará maior motivação, terá resultados melhores e mais tempo de sobra, e genuína satisfação no seu trabalho e na sua vida.

Com muita frequência, nós adaptamos a nossa vida ao nosso trabalho, o que significa que permitimos que o nosso trabalho ocupe nossas agendas como uma baleia numa banheira. E então nós tentamos espremer ao redor do trabalho tudo o mais em nossa vida. Eu acho que isso é o contrário do que deveríamos fazer. Nós devemos planejar nossa vida *primeiro* e depois adaptar o nosso trabalho aos nossos objetivos de estilo de vida. Isso não é irreal. Todos os anos eu trabalho com centenas de empresários e executivos que fazem isso, e sei de outros milhares mais que seguem nessa direção.

O resultado não é apenas o aprimoramento do trabalho, mas também maior satisfação em todos os sentidos.

Por esse motivo, as empresas, incluindo grandes corporações, têm realizado experiências com redução de horas e aumento da liberdade de escolha do funcionário. E estão colhendo resultados. Uma fábrica da Toyota na Suécia reduziu turnos para seis horas. Além de conseguirem executar em seis horas a mesma quantidade de trabalho que antes realizavam em oito, os funcionários ficaram mais felizes, a rotatividade de pessoal caiu e os lucros aumentaram.[12]

Nós já sabemos disso há muito tempo. Em 1926, Henry Ford fez da Ford Motors uma das primeiras empresas nos Estados Unidos a trocar uma carga horária de seis dias semanais de trabalho para cinco dias semanais, que é o modelo de quarenta e oito horas com o qual estamos tão familiarizados nos dias de hoje. Na época, isso pareceu loucura para os analistas de negócios, mas Ford era um visionário. Como o seu filho e presidente da Ford Motors, Edsel Ford, explicou ao *New York Times*, "Todos os homens precisam de mais de um dia durante a semana para descanso e recreação... Nós acreditamos que, para levar uma vida mais adequada, todo homem deve contar com mais tempo para passar com sua família".[13]

Evidentemente essas mudanças elevaram o moral da equipe da Ford Motors, mas muitos se surpreenderam com o impacto na lucratividade do negócio. A produtividade cresceu vertiginosamente. O apreço dos trabalhadores da fábrica por sua empresa aumentou, bem como sua energia para realizar o trabalho. No final das contas, com sua carga horária reduzida para quarenta horas por semana e os finais de semana inteiros para descansar, os funcionários realmente produziram mais trabalhando menos, e elevaram a empresa a alturas ainda maiores.[14]

Qual é a sua visão?

Por que começar fazendo uma pausa para discutirmos nossa visão sobre produtividade? Porque pular direto para dicas, conselhos e aplicativos nos distanciaria do problema mais básico. O problema principal está dentro de nós mesmos, e é algo com que nos debatemos há séculos. Basílio, o Grande, bispo de Cesareia, cidade da moderna Israel, lidou com isso no século IV. "Eu de fato deixei minha vida na cidade", disse ele depois de se mudar para um monastério, "mas ainda não consegui deixar a mim mesmo para trás". Basílio comparou essa situação a uma pessoa que sente enjoo num navio e tenta encontrar alívio transferindo-se para um barco pequeno. Não funciona.

Nós devemos planejar nossa vida primeiro e depois adaptar o nosso trabalho aos nossos objetivos de estilo de vida.

Na verdade, a pessoa apenas leva consigo o seu enjoo marítimo. De acordo com Basílio, o problema é o seguinte: "Nós carregamos conosco as perturbações que habitam o nosso íntimo, por isso não existe lugar em que nos veremos livres dessas mesmas perturbações".[15]

As soluções novas em folha que a maioria de nós busca para a produtividade são como o exemplo do homem com enjoo marítimo que vai para um barco. *Alívio, enfim!* Mas elas não ajudarão. Nós acreditamos que podemos resolver nossos problemas mudando de aplicativo ou de aparelho, mas estamos simplesmente arrastando conosco os nossos principais problemas de produtividade. É preciso repensar a produtividade para se fazer alguma coisa diferente, alguma coisa melhor. Se mirarmos em maior eficiência ou sucesso como nosso alvo principal, nós falharemos. A produtividade, no final das contas, deve lhe devolver mais tempo, não exigir mais tempo de você.

Meus clientes de coaching mais produtivos perseguem o terceiro objetivo: liberdade. Além disso, eles têm uma visão específica de como isso funcionaria na vida deles. Eles começam imaginando como desejam que a vida seja antes de tentarem encaixar o seu trabalho nela. Eles sabem para onde vão. É importante salientar que eles não têm nenhum poder especial que você não tenha. Eles têm arbítrio, e você também tem. Você pode escolher. Então, como vai ser? O fim do jogo é diferente para cada um, mas eu espero que você esteja pelo menos começando a formular uma visão do que um trabalho com carga horária menor e mais produtivo poderia tornar possível para você. O que você fará com o tempo extra que resgatará em sua vida?

Pergunte a si mesmo o que você quer, quantas horas quer trabalhar, quantos itens quer em sua lista de tarefas, quantas noites e finais de semana quer trabalhar. O que você quer focar? Talvez você queira dedicar mais tempo ao trabalho que traz resultados. Não há nada de errado nisso, se for o que deseja realmente. Ou talvez você queira dedicar mais tempo a outros setores da vida, tais como espiritualidade, atividades intelectuais, família, amigos, hobbies, comunidade ou qualquer outra coisa. Cabe apenas a você decidir; ninguém mais pode – nem deve – lhe dizer o que é mais importante para você. Assim que descobrir isso, agarre-se para sempre a esse motivo, a esse *porquê*. Ele será a estrela que guia a sua embarcação através dessa excitante viagem; sem ele você se perderá. Isso é o que a produtividade lhe proporciona: a liberdade de escolher em que você deseja concentrar o seu tempo e a sua energia.

Depois que completar o exercício de Visão de Produtividade abaixo, você estará pronto para o próximo capítulo. Nele, você terá a oportunidade de avaliar quanto avanço já fez na direção da sua visão, e para onde terá de ir em seguida.

CRIE A SUA VISÃO DE PRODUTIVIDADE

Formular uma nova visão para a sua vida exigirá uma análise séria da sua parte. Você precisa ser capaz de criar uma imagem mental disso e saber com clareza como quer que a sua vida seja, e por que isso importa para você. Para começar, complete a Visão de Produtividade no FreeToFocus.com/tools. Comece definindo o seu ideal de produtividade. Então, desenvolva essa definição em poucas palavras significativas e poderosas. Por fim, descreva exatamente o que você tem a ganhar se realizar essa visão e o que perderá se não realizar.

Lembre-se: essa é uma visão de algo que a sua vida poderia ser. Você provavelmente não possui os recursos para realizar inteiramente a sua visão hoje, mas não permita que isso acabe com o seu sonho. *Free to Focus* foi elaborado para ajudá-lo a começar a avançar na direção do seu destino, e você jamais fará nenhum progresso real se não souber para onde está indo.

2

AVALIAR

Defina o seu rumo

Todos chegam a algum lugar na vida. Poucas
pessoas chegam de propósito a algum lugar.

ANDY STANLEY

ntes de começar a minha própria empresa, eu tive o privilégio de
ocupar o posto de CEO da Thomas Nelson Publishers. Foi uma
oportunidade maravilhosa, e aconteceu como resultado de muitos
anos trabalhando com afinco nas trincheiras. Por exemplo, anos antes de
assumir como CEO eu era editor associado, o segundo em comando na
minha divisão. Em julho de 2000, meu chefe se demitiu repentinamente, e
eu fui convidado a assumir o seu cargo. E assim eu me tornei gerente geral
da Nelson Books, uma das divisões de livros comerciais da Thomas Nelson.

Como editor associado, eu pressentia que havia algo de errado com a
nossa divisão; mas eu não estava preparado para o que descobri quando
assumi. Aparentemente, a nossa área era um desastre. A Thomas Nelson
tinha catorze diferentes divisões na época, e eu descobri que a divisão lide-
rada por mim era a menos lucrativa. A última colocada. "Menos lucrativa",
na realidade, é uma maneira generosa de falar. A verdade é que nós tínhamos

perdido dinheiro no ano anterior. As pessoas de outras partes da organização reclamavam que nós estávamos puxando a empresa inteira para baixo. As coisas tinham de mudar, e rápido.

Ao enfrentarem tal momento de crise, muitos líderes teriam entrado imediatamente em ação e tentado toda e qualquer coisa para obterem alguma receita adicional e reverterem a situação. Eu tive essa tentação, claro, mas não segui por esse caminho. De que adianta encher de água um balde furado sem antes tapar os buracos? Em vez disso, a primeira coisa que fiz foi um retiro privado. Eu sabia que precisava de algum tempo de sossego para avaliar minuciosamente onde estávamos, como havíamos chegado lá, e o que faríamos a respeito.

Eu tinha dois objetivos. Em primeiro lugar, queria saber exatamente em que situação estávamos, por pior que fosse. Em segundo, queria elaborar uma visão convincente da mudança que desejava promover. Eu estava confiante de que, uma vez estabelecidos os pontos de partida e de chegada, minha equipe e eu seríamos capazes de traçar uma rota para ir de onde estávamos para onde desejávamos estar. E, acredite se quiser, foi exatamente o que aconteceu.

Eu acreditava que precisaria de três anos para realizar a minha visão inicial. Porém, nós conseguimos alcançar uma recuperação completa em apenas dezoito meses. Ao longo desse processo, nós nos superamos em quase todos os aspectos da nossa visão, e a nossa exaurida divisão da Nelson Books tornou-se a divisão de crescimento mais rápido e a mais lucrativa da Thomas Nelson nos seis anos que se seguiram. Nós passamos de últimos colocados para líderes do grupo, e isso não aconteceu porque tínhamos uma grande estratégia de negócios; isso aconteceu porque tínhamos clareza quanto ao lugar aonde queríamos chegar, e fomos honestos quanto ao lugar de onde estávamos partindo.

Agora é a sua vez.

A união entre paixão e competência

No capítulo 1, você começou a traçar o ponto aonde quer chegar. Se você completou o exercício de Visão de Produtividade, então já desenvolveu uma visão cativante para si próprio. (Se você ainda não completou essa atividade eu recomendo que pare agora e a termine. Os capítulos e exercícios estão interligados e se complementam, por isso você não pode se dar ao luxo de pular um.)

Agora que você sabe aonde quer chegar, precisa entender onde está neste momento. Para isso você precisará de um tipo especial de bússola – a Bússola da Liberdade. Essa ferramenta, que nós usaremos até o final do livro, servirá como o seu guia de produtividade. Ela estará sempre à mão para evitar que você tome a direção errada. Ela também o ajudará a avaliar tarefas, atividades

e oportunidades com base em dois critérios cruciais: paixão e competência. Ter controle sobre essas duas coisas revolucionará toda a sua concepção sobre produtividade. Elas são inseparáveis; não é o bastante ter competência *ou* ter paixão por uma tarefa que você será chamado a fazer regularmente. É necessário ter as duas coisas, ou sua energia e performance serão prejudicadas.

A paixão a que me refiro é a que sentimos pelo trabalho que amamos. É o trabalho que nos energiza. Alguma vez em sua vida você já trabalhou em algo pensando "Não posso acreditar que estão me pagando para fazer isso"? Se já, então você sabe de que paixão eu estou falando. Você é capaz de fazer muitas coisas, mas se sente mais motivado e satisfeito quando faz coisas que ama. Se você não ama o seu trabalho, é difícil continuar nele.

Competência é algo completamente diferente. A competência não está associada a gostar de fazer determinada coisa; ela está associada a fazê-la bem. A verdade é que pode haver alguma atividade pela qual você esteja extremamente apaixonado; mas, se você não for consideravelmente qualificado para essa atividade, ninguém lhe pagará para realizá-la. Por exemplo, eu vivo em Nashville, Tennessee – Music City, EUA. Nossa região está abarrotada de músicos. Porém, a maioria não está na indústria da música, e sim servindo mesas. Tenho certeza de que são pessoas apaixonadas por música, caso contrário nem iriam se importar. Também tenho certeza de que a maioria delas possui habilidades razoáveis. Em alguma outra cidade do país, essas pessoas poderiam ser celebridades locais. Mas o jogo aqui em Nashville é totalmente diferente. Você não pode simplesmente ser um *bom* músico e ter sucesso aqui; você tem de ser *exímio* para atrair atenção.

> **A paixão a que me refiro é a que sentimos pelo trabalho que amamos. É o trabalho que nos energiza.**

Muitos confundem competência com aptidão, mas são conceitos diferentes. Aptidão é uma habilidade ou dom para fazer algo. Competência é mais que isso. Competência significa que você não somente tem aptidão para alguma coisa, mas também produz resultados que podem ser medidos e recompensados. Para executivos e empresários, isso na maioria das vezes se resume a faturamento, lucro e outros indicadores financeiros. Para músicos, isso pode representar downloads, vendas, público ou premiações. Aptidão indica unicamente habilidade, enquanto competência indica habilidade *e* contribuição. O mundo recompensa aquilo que você oferece ao mundo. Não importa quão talentoso você seja: se não der sua contribuição para determinada área, você não será realmente competente.

Aptidão indica unicamente habilidade, enquanto competência indica habilidade e contribuição.

Quatro zonas da produtividade

Agora que os conceitos ficaram claros, vamos ao mecanismo de funcionamento da Bússola da Liberdade. Para começar, imagine um gráfico com Competência exibida no eixo x e Paixão exibida no eixo y. Esses dois critérios o ajudarão a identificar e compreender quatro zonas diferentes nas quais você normalmente opera. Antes mesmo de terminarmos, você terá compreendido muito melhor o motivo pelo qual certas tarefas fazem o dia passar num instante, ao passo que outras se arrastam e parecem não sair do lugar. Nós examinaremos as quatro zonas em ordem inversa, a fim de que você possa acompanhar a progressão, e começaremos com a zona que todos odiamos.

Zona 4: A Zona do Trabalho Enfadonho. A Zona do Trabalho Enfadonho é constituída de tarefas para as quais você não tem competência e pelas quais não tem paixão. Trata-se, em resumo, das coisas que você odeia fazer e não sabe fazer bem. Esse é o pior tipo de trabalho para se fazer. É muito desgastante.

Coisas como relatórios de despesas, manipulação de e-mails e reserva de viagens se enquadram na minha Zona do Trabalho Enfadonho pessoal. Eu não tenho absolutamente nenhuma paixão por essas coisas nem competência para lidar com elas; portanto, forçar-me a fazê-las é um fardo. Essas tarefas levam mais tempo do que deveriam, e o resultado é um bocado de tempo perdido. Por que eu digo que se trata de tempo perdido? Porque o meu tempo e a minha energia seriam muito mais bem empregados – e, portanto, mais produtivos – se eu focasse outras coisas, coisas para as quais eu pudesse de fato dar minha contribuição. Eu jamais serei bom em fazer reservas de viagens, e jamais quis me tornar bom em reservas de viagens. Sendo assim, por que eu deveria me forçar a fazer isso?

Tenha em mente, contudo, que não é só porque algo vai parar na sua Zona do Trabalho Enfadonho que significa que se encontre na Zona do Trabalho Enfadonho de todo mundo. Essas tarefas não são ruins em si mesmas; são apenas tarefas pelas quais você pessoalmente não tem paixão nem faz com competência. Pode ser difícil de acreditar, mas existem muitas pessoas no mundo que amam as coisas que você odeia, e vice-versa. Sem essa divisão do trabalho, a nossa complexa economia não funcionaria.

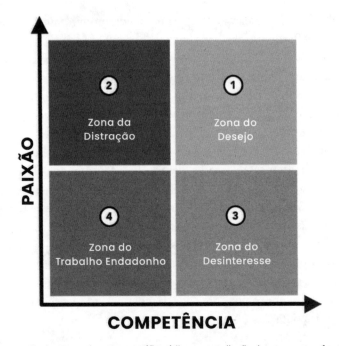

Paixão e competência proporcionam um gráfico útil para a avaliação das nossas tarefas. Quando a competência e a paixão por determinadas tarefas crescem, esse é o seu trabalho mais desejável. Quando ambas diminuem, as nossas tarefas parecem enfadonhas.

Zona 3: A Zona do Desinteresse. A Zona do Desinteresse é composta de coisas nas quais você é competente, mas que não lhe despertam grande paixão. Sem dúvida, você é capaz de executar essas tarefas – talvez melhor do que qualquer outro em seu escritório –, mas elas drenam a sua energia. Por quê? Porque não há paixão. Na verdade, você nem se interessa por essas tarefas, e por isso elas o entediam.

A maioria das pessoas está naturalmente inclinada a evitar as tarefas da Zona do Trabalho Enfadonho, mas muitas vezes nós nos vemos presos a uma rotina, realizando atividades da Zona do Desinteresse simplesmente porque somos bons nelas.

Isso é algo que conheço muito bem. Eu mencionei anteriormente que tenho uma longa experiência no ramo editorial. Entrei nesse negócio muitos anos atrás porque sempre adorei livros. O grande palestrante motivacional Charlie "Tremendous" Jones costumava dizer: "Dentro de cinco anos você será a mesma pessoa que é hoje, exceto pelas pessoas que conhece e pelos livros que lê". Eu estou plenamente de acordo com essa afirmação. Com efeito, cada período significativo de crescimento na minha vida foi resultado

direto de alguma pessoa que conheci ou de algum livro que li. Essa paixão foi o que me levou a trabalhar com a publicação de livros, e eu desenvolvi competência em cada um dos postos que assumi enquanto subia os degraus da corporação. Quanto mais alto eu subia, porém, tornava-me menos envolvido no trabalho de produzir livros.

Cada promoção me empurrava para um pouco mais longe dos livros e um pouco mais perto da administração. Na época em que me tornei CEO, meu trabalho se relacionava principalmente a finanças. Eu tenho aptidão para finanças, e acabei desenvolvendo competência nessa área. Entretanto, a minha paixão não foi além da fase inicial de aprendizado e domínio. Resultado: um tédio de matar. Mas era para fazer isso que me pagavam – eis a questão. Confrontar isso foi uma das realizações essenciais que me levaram a deixar minha posição e voltar o foco da minha energia para o meu primeiro amor: criar conteúdo. Eu já ouvi histórias semelhantes de tantas pessoas! Se não tivermos cuidado, podemos acabar presos na Zona do Desinteresse por anos, por décadas até, simplesmente porque é o que paga as contas.

Zona 2: A Zona da Distração. Nessa zona, a vida começa a ficar bem mais tolerável. A Zona da Distração é constituída de coisas pelas quais você tem paixão, mas nas quais infelizmente tem pouca competência. Isso significa que essas atividades não estão drenando a sua energia e você gosta de realizá-las, mas elas podem ser uma enorme perda de tempo se você não tomar cuidado. O problema é que você não é competente nesse trabalho, e isso o impede de dar uma contribuição significativa para essas áreas.

Eis o problema com a Zona da Distração: a sua paixão pode mascarar a sua falta de competência – mas apenas para você mesmo. A nossa competência é mais bem observada por outras pessoas. Isso significa que nós podemos ser os últimos a saber que estamos perdendo uma descomunal quantidade de tempo fazendo um trabalho medíocre com algo que gostamos.

Nashville não abriga apenas músicos medíocres. Há também o executivo de finanças que não consegue parar de interferir no marketing. Ou o vendedor que gosta de "dar pitaco" no design gráfico. Ou, ainda, o gestor que prefere fazer o trabalho da equipe em vez de liderar a equipe. Se esses esforços não forem validados por outros (por exemplo, colegas, clientes, consumidores, superiores, uma audiência, o mercado) como – inequivocamente – proveitosos, então são atividades da Zona da Distração. Quando identificamos tarefas que entram na Zona da Distração, temos de ser duros com

nós mesmos, sabendo que estamos lidando com coisas que amamos, mas que provavelmente não deveríamos estar fazendo.

Zona 1: A Zona do Desejo. A Zona do Desejo é o ponto no qual a sua paixão e a sua competência se encontram, no qual você pode colocar em prática seus dons e habilidades únicos a fim de dar a sua contribuição mais importante para seu negócio, sua família, sua comunidade... e talvez para o mundo. Se o seu objetivo for a liberdade, esse é o lugar em que você irá vivenciá-la. O restante do livro focará a sua inclusão na Zona do Desejo e o ajudará a permanecer nela o maior tempo possível no decorrer da semana.

Trabalhar na sua Zona do Desejo tem um efeito profundo na sua produtividade pessoal – e vai além. É o melhor caminho que conheço para vencer no trabalho e na vida como um todo, porque você realizará mais trabalho de alto nível, o que lhe permitirá ter espaço para os outros setores da sua vida: família, amigos e assim por diante. Foi isso que começou a fazer a diferença para o meu cliente Roy, que foi mencionado no capítulo anterior. "Focar a minha Zona do Desejo e descartar tudo o mais foi excelente para mim", disse-me ele. "Perceber que não há problema em delegar tudo – e quero dizer tudo *mesmo* – que não faz parte da minha Zona do Desejo foi muito mais libertador do que eu poderia imaginar".

Delegando o trabalho que se encontra fora da sua Zona do Desejo, Roy reduziu sua carga horária de setenta horas por semana para quarenta em seu trabalho principal. Eu digo *principal* porque ele trabalha outras dez horas por semana em dois projetos pessoais que iniciou com sua família. Antes de se comprometer a trabalhar aliando o máximo da paixão ao máximo da competência, ele não tinha margem de manobra em sua vida para esse tipo de atividade extra. Essa margem havia sido engolida por tarefas de baixo impacto que devoravam a sua energia e minavam a sua eficiência.

Rene, uma outra cliente, tem uma história parecida. A empresa de Rene compra e vende jatos privados. Antes de descobrir as quatro zonas, sua vida, segundo ela descreveu, era como "estar numa roda de hamster... Eu trabalhava o tempo todo". Compreender essa ligação entre paixão e competência foi crucial para escapar da correria. "Isso permitiu que eu me concentrasse em assuntos da minha Zona do Desejo, e tornou realmente possível que eu dissesse 'Eu não preciso estar ocupada o tempo todo. Posso ter tempo apenas para me concentrar profundamente e trabalhar intensamente no que mais importa'". O impacto para Rene foi imediato. Ela reduziu suas horas de

trabalho semanais de sessenta para trinta horas, e disse que não foi somente isso que ela recuperou. Organizando as suas tarefas, afirmou ela, "Eu não me distraio mais com as coisas que não importam. Eu recuperei nada mais, nada menos que toda a minha vida".

Mariel administra um escritório de contabilidade e, como muitos de nós, vivia mergulhada numa enorme quantidade de trabalho. Quando começamos a trabalhar juntos, ela costumava enfrentar uma carga horária de sessenta a setenta horas por semana, e nunca deixava de trabalhar em casa durante as férias. "Eu cresci em um negócio de família", explicou ela. "Trabalhar horas adicionais e trabalhar o tempo todo era algo a que eu estava habituada, e eu adorava trabalhar". Mas ela descobriu que alguns trabalhos a atraíam mais e outros menos. "O que causou o maior impacto sobre mim", disse ela, "foi trabalhar com as minhas zonas – compreendendo o que era desinteressante, o que era monótono e onde de fato se encontrava o meu desejo". Quando percebeu isso claramente, ela conseguiu eliminar, automatizar e delegar tarefas que não integravam a sua Zona do Desejo (há mais sobre isso no Passo 2).

Mariel não apenas cortou trinta horas da sua carga de trabalho semanal, como também fez o seu negócio crescer trabalhando menos. Foi assim com Roy e com Rene. Na verdade, foi assim também com todos que eu conheço que trabalham na interseção entre o máximo de paixão e o máximo de eficiência.

Zona X: A Zona do Desenvolvimento. Existe ainda uma quinta zona que não tem posição fixa no gráfico. Eu a chamo de Zona do Desenvolvimento, na qual podemos avaliar um trabalho que está fora da Zona do Desejo, mas que tem potencial para passar a figurar nela. Talvez você tenha grande competência/pouca paixão, mas esteja desenvolvendo paixão. Ou talvez tenha grande paixão/pouca competência, mas esteja desenvolvendo competência. É importante ter em mente esse progresso, porque a nossa experiência afeta tanto a paixão como a competência.

Nós não temos padrões fixos no início, apresentando-nos naturalmente entusiasmados ou competentes. Na verdade, todos nós começamos com curiosidade, interesse e talvez algum talento não desenvolvido. O tempo e a prática mostrarão em que zona uma tarefa se encaixará, e essa tarefa pode ser transferida, dependendo do modo como progredimos em relação a ela. Em outras palavras, paixão e competência resultam de desenvolvimento pessoal ou profissional.

Várias tarefas que se encontram hoje em minha Zona do Desejo migraram para lá da Zona do Desenvolvimento. Isso ocorre com muitas pessoas. Quando a minha filha Megan Hyatt Miller começou a trabalhar para mim, ela não tinha nenhuma paixão por análise financeira. Ela era excelente em gestão de marca e em marketing, mas planilhas e projeções eram coisas maçantes para Megan – não havia paixão nem competência da parte dela. Porém, ela estava disposta a aprender, e tinha alguma aptidão. Com o passar do tempo e com treinamento, ela desenvolveu genuína competência. E isso não foi tudo. Enquanto a Megan adquiria competência, sua paixão também cresceu. Uma pesquisa realizada por Anders Ericsson e outros, da Universidade Estadual da Flórida, mostra que a prática e a consequente perícia podem influenciar o prazer que sentimos numa tarefa. Eu digo *podem* porque isso não é uma certeza; como presidente de uma grande editora, eu conseguia lidar bem com uma sala cheia de banqueiros, mas isso raras vezes me alegrava. Para alguns, porém, a prática não leva apenas à perfeição; também torna o trabalho prazeroso.[1] É o que ocorre quando percebemos que uma tarefa migrou de uma zona para outra.

A atitude mental é outro aspecto das tarefas que se deslocam para a nossa Zona do Desejo. Megan é visionária e orientada para o futuro. Na linguagem StrengthsFinder, seu ponto forte predominante é Futurista.[2] Uma das coisas que fizeram o interesse de Megan pelos números crescer foi o papel que eles desempenham nas metas e na estratégia da empresa. "Os resultados financeiros espelham o modo como executamos a nossa visão", disse-me ela. "São a aplicação prática". Hoje, modelos financeiros, projeção de fluxo de caixa e orçamento de alto nível são atividades da Zona do Desejo para Megan, que agora exerce a função de diretora de operações da MH&Co.

Algumas vezes, nós sabemos que determinada tarefa não é nossa especialidade. Outras vezes, sabemos que apenas precisamos de mais experiência com essa tarefa. Quando pressentimos que podemos desenvolver paixão e competência em uma tarefa, devemos ter a mente aberta a esse respeito.

Encontrando o seu verdadeiro norte

Agora que você tomou conhecimento sobre as quatro zonas da produtividade, vamos passar à Bússola da Liberdade propriamente dita. Você verá que a bússola é simplesmente o gráfico paixão/competência invertido para que a Zona do Desejo ocupe a posição mais alta. Qual é uma das habilidades mais importantes em navegação? Encontrar o verdadeiro norte.

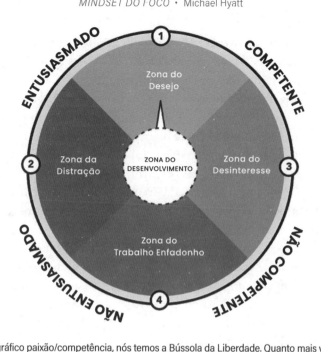

Girando o gráfico paixão/competência, nós temos a Bússola da Liberdade. Quanto mais você orientar seus esforços para o norte, na direção do seu trabalho mais desejável, mais produtivo você será. Os exemplos que se seguem mostram como a Bússola da Liberdade dá direção ao seu trabalho.

Aleshia
Fundadora de uma empresa de organização de eventos

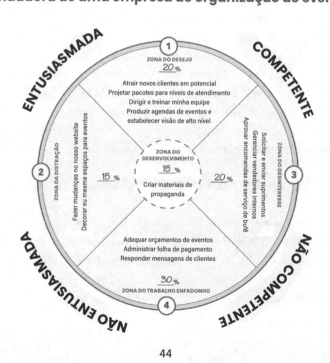

Kevin
Diretor de atendimento ao cliente

A Zona 1, Zona do Desejo, é o verdadeiro norte para a sua produtividade. É a direção que você quer seguir. Assim como uma bússola de navegação pode salvar a sua vida se você se perder numa floresta, a Bússola da Liberdade pode guiar você através da selva do trabalho improdutivo e sem sentido.

A promessa deste livro é ajudar você a conquistar mais fazendo menos, e eis como nós levaremos isso a cabo. Esse é o segredo para a produtividade, segredo este que muitas pessoas subestimam ou deixam passar despercebido. *A verdadeira produtividade consiste em fazer mais do que está em sua Zona do Desejo e menos de todo o resto.* Sublinhe essa afirmação. Escreva-a num Post-It e grude-o no monitor do seu computador. Afixe-a no seu carro. Recite-a dez vezes por dia se achar necessário, mas não se esqueça: a verdadeira produtividade consiste em fazer mais do que está na sua Zona do Desejo e menos de todo o resto. Concentrar seu tempo e sua energia em sua Zona do Desejo produzirá resultados e trará liberdade. Esse é o segredo para se alcançar mais fazendo menos.

Quanto mais tempo você dedicar aos elementos que fazem parte da sua Zona do Desejo, mais bem você fará não somente a si mesmo, mas também

ao mundo ao seu redor. Sei que se trata de uma afirmação ousada, por isso vou explicá-la. Todos nós possuímos dons únicos – um pacote específico de talento inato, habilidades adquiridas, motivação e sabedoria associado a nós como indivíduos –, e nós nunca somos mais eficazes, poderosos e influentes do que quando exercitamos esses dons. Você não pode ser eu, e eu não posso ser você. Contudo, todos nós podemos ser a melhor versão de nós mesmos. Eu acredito que isso acontece quando vivemos e trabalhamos em nossa Zona do Desejo.

Só mais alguns comentários antes de seguirmos em frente: embora o sistema *Free to Focus* possa colocar você rapidamente na Zona do Desejo, isso não acontecerá da noite para o dia. Atualmente, eu dedico cerca de noventa por cento do meu tempo a atividades da Zona do Desejo, e quero

A verdadeira produtividade consiste em fazer mais do que está em sua Zona do Desejo e menos de todo o resto.

que você se junte a mim por lá o mais rápido possível. Stephen, um gênio em vendas online e cliente de coaching, disse-me que agora trabalha de oitenta a noventa por cento dentro da sua Zona do Desejo. Mas ele não começou lá. Quando ele começou o meu curso online *Free to Focus*, ele se deu conta de uma coisa: "Eu estou fazendo todas essas coisas na minha Zona do Trabalho Enfadonho... Eu estava tentando fazer tudo", incluindo "tentar consertar impressoras, e isso era simplesmente doloroso!". Se você é responsável pelos principais resultados da empresa, por que teria de se envolver com o equipamento de escritório? Quando se deu conta da quantidade de esforço que estava desperdiçando, Stephen começou a usar a Bússola da Liberdade para que ela lhe indicasse suas tarefas mais significativas. Ele não apenas recuperou seu tempo livre – para a felicidade da sua jovem família –, como também o seu negócio dobrou de tamanho. "Isso teve um enorme impacto na lucratividade e me proporcionou muito mais alegria", disse ele.

Agora que você conhece a Bússola da Liberdade, mantenha os olhos voltados para o verdadeiro norte. Faça o seu melhor para seguir na direção certa para você usando as ferramentas contidas neste livro. Seja paciente ao longo do caminho. Bússolas são um guia, não um alvo. São um ponteiro, não o ponto. Talvez exista algo que você adore fazer e tenha aptidão para isso, mas você precisa desenvolver competência. Ou talvez você seja perfeitamente capaz e queira encontrar alguma coisa que estimule o seu interesse. Sem problema. Use a Zona do Desenvolvimento como área de passagem em que você pode colocar coisas sobre as quais ainda está em dúvida, mas suspeita

de que podem ser importantes para o seu negócio algum dia, principalmente se puderem melhorar os resultados que você sabe que precisa produzir.

Mas há uma questão a ser respondida: Se a produtividade simplesmente chega se uma pessoa faz mais coisas em sua Zona do Desejo e menos todo o resto, por que a maioria de nós já não está fazendo isso? Por que parece ser, com tanta frequência, uma tarefa impossível?

Crenças limitantes, verdades libertadoras

O maior obstáculo aos nossos esforços para nos tornarmos produtivos pode muito bem ser a nossa atitude mental. Nós não pretendemos que isso aconteça, mas nossa vida acaba sendo guiada por uma série de crenças que temos sobre nós mesmos e sobre a nossa situação. São crenças *limitantes*, porque restringem nosso potencial e estabelecem limites falsos e estreitos que nos impedem de realizar coisas maiores e melhores. Nós poderíamos preencher um livro inteiro só com crenças limitantes, mas vamos nos ater às sete crenças que mais sabotam os nossos esforços para nos tornarmos mais produtivos.

1. "Eu estou sem tempo." A crença limitante que eu mais ouço é "Eu estou sem tempo". Equivale a dizer "Estou muito ocupado". Eu já escutei isso de todos os tipos de pessoas, de todas as camadas sociais, desde CEOs até profissionais de negócios, trabalhadores da construção, mães donas de casa e estudantes universitários. Trata-se de uma verdade universal: todos nós nos sentimos muito ocupados. Se você estiver lutando contra essa crença limitante, substitua-a por esta verdade libertadora: *Eu tenho todo o tempo necessário para realizar as coisas que mais importam.* Considere as grandes realizações que ocorrem a sua volta, e os indivíduos que lideram grandes mudanças no mundo. Lembre-se de que você tem as mesmas 168 horas semanais que eles têm, e de que você também pode realizar grandes coisas no tempo que tem.

2. "Eu não tenho disciplina suficiente." As pessoas que enxergam a produtividade como um sistema complicado e gigantesco, repleto de monitoramento, arquivos, ajustes e com um milhão de tarefas diferentes geralmente enfrentam a crença limitante "Eu não tenho disciplina suficiente". Se esse for o seu caso, substitua essa crença pela seguinte verdade libertadora: *Trabalhar em minha Zona do Desejo não requer muita disciplina.* De modo geral, nós não alegamos que não temos disciplina suficiente quando se trata

de dedicar tempo a coisas que gostamos de fazer. Nós reservamos a palavra "disciplina" para as coisas que não queremos fazer. É uma questão de foco. Se você planejar a sua vida de modo a dedicar a maior parte do seu tempo trabalhando com coisas pelas quais é apaixonado e nas quais é competente, a disciplina para fazer essas coisas virá com facilidade.

3. "Eu não controlo o meu tempo." Nem todos são presidentes de empresa, autônomos ou mesmo gerentes. As pessoas passam a maior parte do dia sob o comando do chefe ou até da agenda da família. Contudo, muitas vezes nós usamos esses imperativos como desculpa para balançar a cabeça e dizer "Eu não controlo o meu tempo, então isso não vai funcionar". Se você caiu nas garras dessa crença limitante, substitua-a por esta verdade libertadora: *Eu tenho capacidade para empregar melhor o tempo que eu controlo.* Você não é um objeto passivo que flutua à deriva pela vida, totalmente à mercê de forças externas. Você é quem decide como deve viver a sua própria vida. Alguma porção de tempo pode não estar sob seu controle, mas você ainda exerce controle sobre todo o resto do tempo. Aproveite-o.

4. "As pessoas altamente produtivas já nascem assim." Algumas vezes nós usamos como desculpa frases como "Pessoas altamente produtivas já nascem assim. Não é o meu caso." Isso é um grande engano. As pessoas que você mais admira no mundo, as pessoas que conquistaram grandes coisas, não nasceram com capacidades sobre-humanas. Elas simplesmente encontraram uma maneira de desenvolver seu próprio potencial – e você pode fazer isso também. Se você foi vitimado por essa crença limitante, substitua-a por esta verdade libertadora: *A produtividade é uma habilidade que eu posso desenvolver.* Este livro lhe mostrará como fazer exatamente isso.

5. "Eu já tentei antes, mas isso não deu certo." Eu teria reunido uma fortuna se ganhasse um centavo sempre que alguém justificasse a sua falta de produtividade dizendo "Eu já tentei isso antes, mas não funcionou". Esse definitivamente não é o mantra das pessoas de alto desempenho. Na realidade, pessoas de alto desempenho jamais desistem apenas porque uma solução falhou. Pelo contrário: elas continuam em busca de uma saída para seu problema e não param até encontrá-la. Se você acabou desanimado devido às coisas que não deram certo para você até aqui, substitua

essa crença limitante por esta verdade libertadora: *Eu posso obter resultados melhores tentando uma abordagem diferente.* Foi por esse motivo que criei o sistema *Free to Focus*, aliás – nenhum dos outros sistemas de produtividade que experimentei funcionou para mim. Esse funcionou.

6. "As circunstâncias não me permitem agir neste momento, mas elas são apenas temporárias." De todas as crenças limitantes de que estamos tratando, a mais mortal é "As circunstâncias não me permitem agir agora, mas são apenas temporárias. Futuramente eu serei mais produtivo." Essa crença, ainda que pareça sensata e transmita esperança no futuro, pode arruinar as suas chances de se tornar mais produtivo. O que é temporário acabará se tornando permanente, a menos que você mude alguma coisa agora. Talvez você esteja enfrentando um trimestre corrido no trabalho, uma temporada difícil de atividades extracurriculares dos seus filhos, ou um aumento incomum nos seus compromissos sociais. Seja lá o que for, guarde bem este aviso: *Não é temporário.* Essas épocas de maior agitação continuarão traçando linhas de restrição em torno do seu tempo, e as coisas jamais "voltarão ao normal". Está nas suas mãos definir como você quer que seja o normal; se você não tomar as rédeas da sua vida, outros tomarão. Nós não podemos continuar adiando o nosso avanço. Pelo contrário, precisamos abraçar esta verdade libertadora: *Eu não tenho de esperar até que as circunstâncias mudem para começar a agir e fazer progressos.* Se você escolher esperar pela ocasião perfeita para se tornar mais produtivo e perseguir a liberdade que almeja, então ficará esperando para sempre. Você pode começar a fazer mudanças positivas neste exato momento, independentemente das circunstâncias.

7. "Eu não sou bom com tecnologia." Talvez você esteja enfrentando a crença limitante que diz "Eu não sou bom com tecnologia nem com sistemas complicados". Todos nós buscamos uma solução elegante e simples – o que honestamente é difícil de encontrar no mundo da produtividade. Se você estiver confuso em meio à infinidade de diferentes e complicados aplicativos, ferramentas e sistemas de produtividade que estão por aí, adote esta verdade libertadora: *A verdadeira produtividade não exige tecnologia nem sistemas complexos. Exige, isto sim, que eu ajuste as minhas atividades cotidianas às minhas prioridades, e eu posso fazer isso.* Qualquer pessoa pode fazer isso, na verdade; mas, para dar início ao processo, você precisa acreditar que pode.

Essas são as sete crenças limitantes que mais vezes ouvi ao longo dos anos, mas a lista está longe de se esgotar. Na verdade, muitas novas crenças limitantes podem ter passado por sua cabeça enquanto você lia as que comentei. Nossa atitude mental é algo que ignoramos com frequência em nosso caminho para nos tornarmos mais produtivos, mas esse descuido pode minar até os nossos melhores esforços se não formos cuidadosos. Se você não enfrentar as vozes em sua cabeça, nunca terá uma ideia clara de onde se encontra agora; e isso significa que você jamais será capaz de navegar para onde deseja ir.[3]

Crenças limitantes	Verdades libertadoras
Eu estou sem tempo.	Eu tenho todo o tempo necessário para realizar as coisas que mais importam.
Eu não tenho disciplina suficiente.	Trabalhar em minha Zona do Desejo não requer muita disciplina.
Eu não controlo o meu tempo.	Eu tenho capacidade para empregar melhor o tempo que eu controlo.
As pessoas altamente produtivas já nascem assim.	A produtividade é uma habilidade que eu posso desenvolver.
Eu já tentei antes, mas isso não deu certo.	Eu posso obter resultados melhores tentando uma abordagem diferente.
As circunstâncias não me permitem agir neste momento, mas elas são apenas temporárias.	Eu não tenho de esperar até que as circunstâncias mudem para começar a agir e fazer progressos.
Eu não sou bom com tecnologia.	A verdadeira produtividade não exige tecnologia nem sistemas complexos. Exige, isto sim, que eu ajuste as minhas atividades cotidianas às minhas prioridades, e eu posso fazer isso.

O objetivo deste capítulo é orientá-lo na avaliação da sua atual situação. Para alguns, essa pode ser a parte mais difícil do processo *Free to Focus*, porém é essencial para tudo o que virá a seguir. Quando você terminar o exercício que se segue, nós temos uma última ação para completar o Passo 1. É hora de falar de rejuvenescimento.

REDIRECIONE SUAS TAREFAS

Avaliar a sua posição atual é um passo vital na direção das suas metas de produtividade, mas é um passo que muitas pessoas ignoram. Se você não analisar com seriedade e honestidade a posição em que está e como chegou a ela, jamais conseguirá avançar tão longe e tão rápido quanto deseja.

Use a planilha do Filtro de Tarefas e da Bússola da Liberdade em FreeToFocus.com/tools. Liste suas atividades e tarefas regulares no Filtro de Tarefas. Quando a sua lista estiver pronta, avalie cada item dela com base em paixão e competência. Depois, use esse insight para determinar a qual zona cada tarefa pertence. (Ignore as colunas Eliminar, Automatizar e Delegar por enquanto; nós voltaremos a elas mais tarde.)

Depois de classificar as suas tarefas, reserve mais um minuto para transferi-las para a sua Bússola da Liberdade, listando cada tarefa na zona apropriada. Coloque todas as atividades da Zona do Desenvolvimento no centro. Depois de pronta, afixe a sua Bússola da Liberdade onde possa vê-la com frequência, e use-a como lembrete para focar as atividades da Zona do Desejo sempre que possível.

3

REJUVENESCER

Reenergize a sua mente e o seu corpo

Quase todas as coisas voltarão a funcionar se você
desligá-las por alguns minutos, incluindo você.

ANNE LAMOTT

A professora da Universidade da Pensilvânia Alexandra Michel, ex-funcionária da Goldman Sachs, conduziu durante doze anos um estudo envolvendo banqueiros de investimento que trabalhavam regularmente entre 100 e 120 horas por semana. Uma semana tem apenas 168 horas. Como nós vimos no capítulo 1, empresários, executivos e outros profissionais já roubam tempo de sua reserva com semanas de trabalho de mais de cinquenta horas. Trabalhar 120 horas significa sacrificar *tudo o mais* na vida: sono, relacionamentos, exercícios, recreação, atividades espirituais e comunitárias, e ainda mais. Para contrabalançar esse prejuízo, os empregadores dos banqueiros lhes ofereciam auxílio administrativo e serviços de refeição e de lavanderia vinte e quatro horas, e outros tipos de assistência doméstica.

Com sua rara capacidade de concentração, os banqueiros eram altamente produtivos no início. Eles chegavam com energia e vigor, beneficiavam-se

dos serviços adicionais que seus empregadores providenciavam, e trabalhavam duro e por longas horas, fazendo grandes avanços. Mas isso não durava. Não poderia durar.

"A partir do quarto ano, os banqueiros começaram a enfrentar transtornos físicos e psicológicos algumas vezes debilitantes", relatou Michel. "Eles sofriam de exaustão crônica, insônia, dores no corpo e nas costas, doenças autoimunes, arritmias cardíacas, dependências e compulsões tais como distúrbios alimentares, o que causou diminuição da sua sensibilidade ética e da sua capacidade de discernimento". Quando o desempenho deles caiu, afirmou Michel, "Eles simplesmente compensaram a queda nos resultados trabalhando mais horas, e assim acabaram presos num ciclo de horas de trabalho crescentes e sofrimento físico e emocional crônico."[1]

Nós corremos em círculos quando tentamos essa abordagem. Jack Nevison, fundador do New Leaf Project Management, investigou os números de vários estudos diferentes sobre longas horas de trabalho. Ele descobriu que há um teto. Ultrapasse cinquenta horas de trabalho em uma semana e não há ganho de produtividade no tempo adicional. Na verdade, o ganho recua. Um dos estudos que ele examinou revela que cinquenta horas no trabalho produzem apenas cerca de trinta e sete horas de trabalho útil. Com cinquenta e cinco horas no trabalho, essa marca cai para quase trinta. De acordo com esse estudo, quanto mais você trabalha para além do limite de cinquenta horas, menos produtivo você se torna. Nevison deu a isso o nome de Regra das Cinquenta.[2]

Isso significa que, com base no número de horas que a maioria de nós trabalha, estamos próximos de trabalhar às avessas, de gerar retrocesso com o nosso trabalho, se é que isso já não está acontecendo. O professor de administração Morten T. Hansen, da Universidade da Califórnia em Berkeley, compara o número excessivo de horas de trabalho a espremer uma laranja. "No começo", diz ele, "temos uma grande quantidade de líquido. Mas à medida que você continua a apertar e os nós dos seus dedos se tornam brancos, você extrai uma gota ou duas. Por fim, você se vê apertando o mais forte que pode, sem produzir mais suco nenhum.[3] Em um estudo revelador, gerentes não constataram nenhuma diferença mensurável entre o desempenho de trabalhadores que cumpriam oitenta horas por semana e trabalhadores que simplesmente fingiam trabalhar; as horas adicionais não resultavam em nenhum ganho real em termos de produtividade.[4] Quando trabalhamos até o ponto da exaustão, nós estamos fazendo mais para obter menos – o contrário do que queremos. Para obtermos mais fazendo menos, porém, nós devemos abandonar alguns conceitos errôneos que carregamos conosco a respeito de tempo e de energia.

Os banqueiros caíram na armadilha de um mito comum sobre produtividade: que a energia é estável, mas que o tempo pode ser variável. Eles acreditaram que podiam obter um retorno constante aos seus esforços mesmo ampliando suas horas – que eles seriam tão engenhosos, vigorosos e comprometidos trabalhando cem horas quanto eram trabalhando cinquenta.

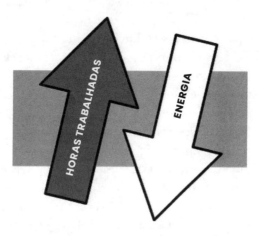

O tempo é determinado, fixo, mas a energia é variável. Isso significa que há uma relação inversa entre horas trabalhadas e o gasto produtivo da sua energia. Quanto maior o número de horas que você trabalhar, menos produtivo será.

Eis Elon Musk, fundador e presidente da Tesla e do SpaceX, numa clássica exposição da falácia: "Se outras pessoas estão cumprindo semanas de trabalho de quarenta horas e você está cumprindo semanas de trabalho de cem horas, então mesmo que você esteja fazendo a mesma coisa... você obterá em quatro meses o que os outros levam um ano para conseguir".[5] Mas pensar assim é estar na contramão dos fatos. Cem horas de trabalho são qualitativamente, não apenas quantitativamente, diferentes de cinquenta. O tempo é fixo, mas a energia pode variar. Todos os dias contêm o mesmo número de horas, ao passo que a sua energia aumenta e diminui dependendo de inúmeras variáveis, entre as quais descanso, nutrição e saúde emocional.

> **O tempo é fixo, mas a energia pode variar.**

A maioria de nós sabe disso por intuição. Quando estamos descansados pela manhã, nós podemos realizar duas vezes mais coisas do que realizamos depois do almoço. Isso é variação de energia. A boa notícia é que você pode

fazer a sua energia variar em seu favor, a fim de que tenha mais quantidade de suco espremendo menos. É disso que trata a ação que denominamos Rejuvenescimento. A energia pessoal é um recurso renovável, e pode ser reabastecida com sete práticas básicas. Você precisa:

1. Dormir
2. Comer
3. Exercitar-se
4. Conectar-se
5. Divertir-se
6. Meditar
7. Desconectar-se

Vamos começar abordando a primeira prática.

Prática 1: Dormir

Elogiando um dos seus maiores executivos, o ex-CEO da Disney Michael Eisner disse: "O sono era um dos [seus] inimigos. [Ele] acreditava que o impedia de se manter cem por cento do tempo com o pé no acelerador. Sempre havia mais uma reunião que ele queria fazer. O sono, pensava ele, o impedia de fazer as coisas."[6] Todos nós nos deixamos levar por esse mito às vezes, mas isso de modo nenhum é motivo de orgulho. Nós nos convencemos de que podemos encaixar mais uma reunião ou tarefa em nosso dia se acordarmos mais cedo ou se formos dormir mais tarde. É uma ideia generalizada.

Os norte-americanos dormem em média pouco menos de sete horas por noite.[7] Esse número, já abaixo das oito horas de sono recomendadas, é provavelmente exagerado porque as pessoas costumam informar o tempo que passam na cama, não as horas que elas de fato dormem. Nós dormimos *menos* do que pensamos; cerca de vinte por cento menos, segundo pesquisadores.[8] E essa é a média! No mundo dos negócios, nós nos gabamos por dormir ainda menos!

Líderes da PepsiCo, Southwest, Fiat Chrysler, Twitter e Yahoo! afirmaram que tiveram êxito dormindo metade das horas de sono recomendadas.[9] Quanto menos tempo se passa na cama, mais se aumenta o direito de se gabar, o que cria uma expectativa autoimposta entre empresários e líderes de todos os níveis. Quem quiser estar entre os melhores e mais brilhantes tem de ser sobre-humano. Mas nós não somos sobre-humanos. Em uma pesquisa, dois terços dos líderes entrevistados expressaram insatisfação com

a quantidade de horas que dormiam, e mais da metade lamentou a baixa qualidade do seu sono.[10] Paga-se um preço alto por isso.

Nós vemos o travesseiro como inimigo da produtividade, mas no final das contas encurtar o sono é que prejudica o nosso trabalho. *The Lancet*, por exemplo, estudou cirurgiões que ficaram acordados vinte e quatro horas. Esses médicos cometiam mais enganos, e demoravam catorze por cento mais tempo para realizar tarefas de rotina. O dano era comparável a ser intoxicado.[11] E nem é preciso passar uma noite inteira em claro para que esse tipo de resultado ocorra. Em outro estudo, pessoas que tiveram seis horas de sono por noite durante duas semanas seguidas agiam como se estivessem embriagadas.[12] Em vez de aumentarmos a nossa produtividade, quando roubamos nosso tempo de descanso nós garantimos o nosso próprio fracasso.

O rejuvenescimento noturno é o alicerce da produtividade. Dormir as horas de sono necessárias nos mantém mentalmente atentos e aumenta a nossa capacidade de lembrar, de aprender e de prosperar. Também revigora o nosso estado emocional, reduz o estresse e recarrega o nosso corpo. Por outro lado, abrir mão do sono torna mais difícil manter-se focado, resolver problemas, tomar boas decisões ou até mesmo jogar limpo com outras pessoas.[13] Como explica a neurocientista Penelope A. Lewis, "Pessoas privadas de sono propõem ideias menos originais, e também tendem a insistir em velhas estratégias que podem não continuar a ser eficientes".[14]

É precisamente por isso que líderes e empresários eficazes salientam a importância de se ter um sono adequado. Considere as palavras do CEO da Amazon, Jeff Bezos: "Oito horas de sono fazem uma grande diferença para mim", disse ele à Thrive Global. "É a quantidade de sono necessária para que eu me sinta energizado e estimulado".[15] Mark Bertolini, presidente e CEO da Aetna, chega a oferecer incentivos em dinheiro para que funcionários priorizem seu sono. "Você não pode estar disposto se estiver sonolento", explicou ele em uma entrevista. "Estar [inteiramente] presente no local de trabalho e tomar as melhores decisões tem muito a ver com os fundamentos dos negócios".[16]

O descanso rejuvenescedor se resume a duas coisas: quantidade e qualidade. Adultos – independentemente de suas agendas ou de quem esteja exigindo seu tempo e sua atenção – necessitam de sete a dez horas de sono por noite para alcançar o máximo do seu desempenho. Você precisa dar a si mesmo permissão para dormir o tempo que for necessário, a fim de estar em sua melhor forma. Isso pode ser difícil, sem dúvida. Se a sua agenda for corrida, talvez você precise sacrificar tempo gasto no Facebook ou na Netflix ("Nós estamos competindo com o sono", admitiu o CEO da Netflix, Reed

Hastings).[17] Caso tenha filhos pequenos, você e seu(sua) companheiro(a) podem ter de dormir em turnos ou até contratar, de vez em quando, uma babá que pernoita para garantir um sono tranquilo. Talvez você até considere a ideia de ir para a cama ao mesmo tempo que seus filhos por algumas noites, para conseguir uma soneca extra.

Você também pode aumentar a sua quantidade de sono acrescentando à sua agenda diária um breve cochilo. Não, isso não é piada: sonecas são a minha arma secreta de produtividade. Eu tiro uma soneca todos os dias depois do almoço, e isso me mantém renovado e alerta pelo resto do dia. Cuide apenas para não cochilar mais de vinte ou trinta minutos, ou poderá ter dificuldade para despertar, e se sentirá grogue em vez de revigorado. É longa a lista de líderes, artistas, cientistas e afins que melhoraram o seu desempenho recorrendo à soneca estratégica. Eis alguns deles: Winston Churchill, Douglas MacArthur, John F. Kennedy, J. R. R. Tolkien e Thomas Edison.[18] Não se surpreenda se você demorar algum tempo para pegar o jeito da coisa. "Como saltar de paraquedas, soneca requer prática", diz a ensaísta Barbara Holland.[19]

No que diz respeito à qualidade, existem várias maneiras de aumentá-la também. Estudos mostram de modo unânime que desligar todos os seus monitores (TV, celular, tablet, computador e assim por diante) uma hora antes de se recolher para dormir pode melhorar significativamente o seu sono. Providencie um ambiente de sono para você acrescentando persianas, diminuindo a temperatura do quarto, usando ruído branco de um aparelho de som, de um aplicativo de celular ou simplesmente de um ventilador em seu quarto.[20] Pequenas mudanças podem fazer uma enorme diferença, deixando você mais descansado e energizado ao sair da cama.

Prática 2: Comer

O alimento que comemos causa um impacto imediato, duradouro e poderoso em nossos níveis de energia. Não é à toa que os atletas são tão cuidadosos quanto ao que ingerem. O melhor sistema de produtividade do mundo não poderá ajudá-lo se você não fornecer ao seu corpo os nutrientes de que ele necessita para operar no nível máximo de eficiência.

Considere o almoço. Uma pesquisa sobre ambiente de trabalho de 2012 realizada pela Right Management mostrou que apenas um em cada cinco funcionários sai da sua mesa para almoçar. Além disso, dois em cada cinco funcionários comem algum alimento em suas mesas. Mas quase quarenta por cento dos funcionários e gerentes almoçam "apenas de vez em quando" ou "raramente, ou nunca".[21] Nós podemos considerar o almoço como uma interrupção, mas a

verdade é que ele nos traz grandes vantagens em termos de aumento de energia. Por outro lado, "pular" o almoço pode nos causar letargia, confusão e fadiga.

Sair das nossas mesas para fazer uma refeição também é benéfico para a nossa criatividade. "A criatividade e a engenhosidade se desenvolvem quando as pessoas mudam de ambiente, sobretudo quando elas se expõem a ambientes mais naturais", diz Kimberly Elsbach, especialista em psicologia do trabalho da Escola de Pós-Graduação da UC Davis. Ela argumenta que "permanecer dentro do mesmo local é realmente prejudicial ao processo criativo. Também é prejudicial ao exercício de reflexão necessário para que as ideias ganhem força e sejam concebidas, permitindo que uma pessoa chegue a um momento de revelação."[22] Perder o almoço significa que você está sacrificando momentos de descoberta que podem levar a sua organização a um nível superior, e que sacrifica esses momentos em troca da ininterrupta monotonia de ligações, e reuniões, e planilhas, e e-mails.

É claro que a conversa a respeito do que torna uma dieta saudável ou não pode seguir por uma centena de direções diferentes, e todas elas estão fora da área de competência deste livro. Contudo, compartilharei alguns conselhos, pois é possível que você nunca tenha priorizado a alimentação saudável.

Em primeiro lugar, alimentos naturais como vegetais, frutas, nozes e carnes são escolhas melhores do que praticamente tudo que você encontrará em uma embalagem. Se você não consegue pronunciar os nomes dos ingredientes, ou se a comida estiver cheia de açúcar, talvez você queira pensar melhor. E fique atento quando for comer fora: menus raramente informam algo sobre a qualidade dos ingredientes utilizados.

Em segundo lugar, não suponha que você sabe o que é uma dieta saudável se você não pesquisou o assunto por conta própria. O caminho para a má nutrição é pavimentado de suposições das pessoas sobre quais escolhas alimentares são boas e quais não são. Muitas vezes somos enganados por produtos falsamente anunciados como "saudáveis", "de baixo teor de gordura" ou outras expressões chamativas que os profissionais da propaganda colocam nas embalagens dos alimentos. Até mesmo o plano de alimentação recomendado pelo governo foi modificado ao longo dos anos, e é constantemente analisado, criticado e desaprovado por muitos profissionais da área da saúde. Saber o que deve comer pode não ser tão simples, por isso faça a sua própria pesquisa e encontre o que funciona melhor para você.

Em terceiro lugar, seja cuidadoso com o que bebe. As bebidas conhecidas como energéticos, refrigerantes e muitas outras podem deixar você mais desgastado do que se sentia antes de bebê-las, apesar da breve energização que o açúcar traz. É melhor optar por beber água sempre que possível.

Em quarto, pesquise um protocolo de suplemento nutricional que lhe sirva. Suplementos ajudam a compensar deficiências nutricionais em nossas dietas. No que se refere ao meu nível de energia pessoal, fico especialmente atento à vitamina B12 e à vitamina D. Ambas são de grande ajuda para mim no controle do estresse, e me proporcionam mais vigor.

Em quinto, *com quem* você come também é um fator importante. Refeições são um excelente modo de construir relacionamentos. Refeições não servem apenas para nos reabastecer. Elas também podem proporcionar alegria e conexão. Assim como passar um tempo proveitoso nas noites de sono, passar um tempo proveitoso na mesa de refeições é essencial para a produtividade.

Prática 3: Exercitar-se

Muitas vezes nós nos convencemos de que não temos energia suficiente para fazer exercícios, mas o próprio ato de se exercitar é energizador. Ele dá mais do que retira. Na verdade, poucas coisas têm impacto tão direto em nossos níveis de energia quanto uma boa sessão de treinamento físico. Se você se exercitar logo cedo, sentirá durante o resto do dia os grandes benefícios dessa atividade.

De acordo com o Centro de Controle e Prevenção de Doenças dos Estados Unidos, "Poucos estilos de vida têm impacto tão grande na saúde das pessoas quanto a atividade física".[23] Uma rotina regular de exercícios físicos foi associada a perda de peso, redução do estresse, aumento da vitalidade e da energia, diminuição do risco de doença cardíaca e de câncer e aumento geral da qualidade de vida e da expectativa de vida. Além disso, é possível obter esses benefícios sem ter de passar horas por dia na academia. O Centro de Controle diz: "Você pode reduzir o risco de morte prematura fazendo pelo menos 150 minutos por semana de atividade aeróbica de moderada a intensa".[24] Isso representa menos de vinte e cinco minutos diários de alguma atividade física. Até mesmo uma caminhada rápida depois do almoço pode ajudá-lo a fazer grandes avanços no sentido de melhorar a saúde, perder e manter o peso, melhorar o sono e aumentar os seus níveis de energia.

O exercício físico não fortalece apenas o seu corpo; fortalece também a sua mente. A atividade física prepara nosso cérebro para operar em um nível superior. Escrevendo no *Washington Post*, o jornalista Ben Opipari explica: "Uma única sessão de exercício pode imediatamente aumentar sua habilidade de raciocínio de ordem mais elevada, tornando-o mais produtivo e eficiente enquanto você cumpre seu dia de trabalho. Quando você exercita as suas pernas, exercita também o seu cérebro; isso significa que uma atividade física no horário de almoço pode aumentar o seu desempenho cognitivo...

Isso beneficia a função executiva, um tipo de pensamento de ordem superior que permite que as pessoas formulem argumentos, desenvolvam estratégias, solucionem problemas de maneira criativa e analisem informações." E lembre-se: isso não tem de levar um tempo enorme. Opipari afirma que "Somente vinte minutos de exercício aeróbico em sessenta a setenta por cento do seu ritmo cardíaco máximo são suficientes".[25]

Eu não costumo sugerir dicas simples e rápidas quando se trata de produtividade, mas se você busca aumentar a sua energia física e mental, criar uma atmosfera agradável para reflexão e resolução de problemas e melhorar a sua saúde de maneira geral (tudo isso ao mesmo tempo), tente ir para a academia, ou então procure correr ou caminhar. Isso funciona.

Pessoas de muito sucesso são conhecidas por sua incapacidade de encontrar um equilíbrio satisfatório entre a vida doméstica e a vida profissional. Pode parecer loucura, mas também nesse caso o exercício físico pode fazer uma grande diferença. Talvez você esteja pensando: "De que modo acrescentar mais uma tarefa à minha agenda já lotada me ajudará a equilibrar minha vida em casa e minha vida profissional?". É uma ótima pergunta, e uma pesquisa já encontrou a resposta para ela. Russel Clayton, escrevendo no *Harvard Business Review*, afirma: "Uma nova pesquisa... demonstra uma relação clara entre a atividade física que é planejada, estruturada, repetitiva e intencional... e a capacidade de controlar o equilíbrio entre casa e trabalho".[26]

É comum ouvir as pessoas dizerem que não têm tempo para fazer exercícios. Mas pesquisas mostram que pessoas que se exercitam conseguem equilibrar as exigências do trabalho e de casa melhor do que as pessoas que evitam se exercitar.

PASSO 1 — PARAR

Clayton divide essa conclusão em duas descobertas importantes. Em primeiro lugar, ele explica que "o exercício reduz o estresse, e menos estresse torna o tempo gasto em qualquer área mais produtivo e agradável". Em segundo, ele observa que o exercício gera um maior senso de autoeficácia, isto é, a confiança que nós temos em nossa capacidade de realizar as coisas. Em resumo, o exercício físico reduz nosso estresse e nos faz *sentir* fortes, produzindo a sensação de que somos capazes de conquistar o mundo. Essa atitude mental tem um forte impacto no modo como abordamos nossas responsabilidades em casa e no trabalho.[27] Isso se transmite para o modo como você encara o trabalho, como se compromete com clientes e concorrentes e como vê a sua capacidade de alcançar grandes metas. Manter uma rotina de exercícios, apesar de ter seu tempo tomado com frequência por demandas opressivas, o força a aguçar a sua autodisciplina e aumenta a sua capacidade de se sacrificar. Isso também o ajuda a aprimorar a sua eficiência, sua dedicação, seu planejamento e seu foco para organizar interesses e oportunidades conflitantes. Em suma, dá a você vantagem em cada aspecto da sua vida.

A fim de demonstrar esse ponto, pesquisadores na Finlândia acompanharam cinco mil gêmeos do sexo masculino por quase trinta anos, monitorando os que tinham vida ativa e os que tinham vida sedentária. Eles descobriram que exercícios físicos regulares estão associados ao aumento de catorze a dezessete por cento dos níveis de renda a longo prazo – mesmo entre gêmeos que possuem aproximadamente o mesmo potencial genético. Os pesquisadores concluíram que fazer exercícios "torna as pessoas mais persistentes diante das dificuldades relacionadas ao trabalho, e aumenta nessas pessoas o desejo de se envolver em situações competitivas."[28] Essas características são diretamente aplicáveis num ambiente de negócios, e proporcionam enorme vantagem competitiva no mercado.

Prática 4: Conectar-se

Não podemos falar em maneiras de se obter energia sem falar do efeito que outras pessoas têm em nosso nível de energia. As pessoas ao nosso redor têm o poder de aumentar ou diminuir nossa energia acentuadamente e mais rápido do que qualquer outra coisa. O seu sono pode estar perfeitamente em dia, e você pode ter uma dieta saudável e malhar todo dia; mas se você se mantiver isolado de outras pessoas, se não dedicar tempo a relacionamentos de qualidade com amigos e com a família – ou pior, se conviver com

vampiros emocionais –, você deixará escapar uma das fontes de energia mais poderosas de todas.

"A inegável realidade é que o seu desempenho na vida e nos negócios depende não apenas do que você faz e de como faz... mas também depende de quem está fazendo isso com você ou para você", diz o psicólogo Henry Cloud em *The Power of the Other*. Ligando essa observação ao controle da nossa energia, ele afirma: "Não basta apenas controlar a sua carga de trabalho e fazer pausas; tão importante quanto isso é controlar as fontes de energia ao seu redor". A produtividade, em outras palavras, se dá no nível interpessoal.[29]

Dylan Minor, professor assistente da Kellogg School of Management da Northwestern, demonstrou esse ponto estudando trabalhadores numa grande empresa de tecnologia. Após identificar os funcionários de alto desempenho, ele analisou o efeito desses profissionais sobre as pessoas ao redor deles. Os colegas que se sentavam num raio de oito metros de distância dos funcionários de alto desempenho tinham a sua eficácia aumentada em quinze por cento, o que equivalia a 1 milhão de dólares de incremento nos rendimentos.[30] Porém, como Cloud também diz, "As pessoas dão energia mas também a tiram".[31] Minor sustentou que uma "propagação negativa" da parte dos funcionários de baixo desempenho pode ter gerado o dobro do impacto nos rendimentos ocasionado pelos funcionários de alto desempenho – só que na direção contrária, do prejuízo.[32]

Isso vai além da sua empresa (daqueles com quem você costuma lidar no trabalho), e inclui todo o seu círculo social (todas as pessoas com as quais você interage regularmente). Seus colegas de trabalho e clientes desempenham um papel no seu estoque de energia, assim como amigos, membros da família, conhecidos, paroquianos e outros – até mesmo amigos do Facebook e seguidores do Twitter. Algumas dessas pessoas vêm com bateria incluída, como ouvi Dan Sullivan dizer certa vez. Elas colocam você para cima. Outras não, e elas drenam você. De um modo ou de outro, elas causam impacto na sua energia.

Tem de haver intenção da sua parte nessas conexões para que você alcance o ponto máximo de rejuvenescimento. Sair uma noite com amigos, viajar com a família ou tomar um café com um colega podem render grandes benefícios em termos de energia e de capital de relacionamento ao longo do tempo. Por outro lado, uma discussão política desagradável com um velho amigo de faculdade no Facebook pode lhe causar um embaraço que durará por horas. Cloud recomenda uma auditoria social.

As pessoas a sua volta são produtoras de energia ou sugadoras de energia? Mesmo que as circunstâncias o forcem a se relacionar com pessoas negativas, conhecer o efeito que elas provocam pode evitar que o pior disso o afete.

Às vezes eu ouço pessoas dizerem que não têm tempo para amizades. Pessoas com excesso de trabalho raramente têm. De certo modo, estabelecer conexões se assemelha a fazer exercício ou dormir. É essencial para o alto desempenho, mas é uma das primeiras coisas que sacrificamos quando as tarefas se acumulam demais. Contudo, para alcançarmos realmente a produtividade, nós temos de priorizar as pessoas. Você é um *ser* humano, não um *fazer* humano. Talvez você tenha se esquecido disso, mas nem tudo pode ser medido por marcas de verificação na sua lista de tarefas. Muitas das melhores coisas na vida acontecem nos intervalos entre nossas tarefas, em momentos voluntariamente reservados a outras pessoas.

Prática 5: Divertir-se

Você conhece a velha expressão "Só trabalho sem diversão faz do Jack um bobão"? Isso também torna o Jack ineficiente, pouco criativo, disperso e improdutivo. Jamais despreze o poder da diversão na sua vida, não importa quantas outras coisas sérias exijam o seu tempo. Você sempre terá problemas para resolver, prazos para cumprir e tarefas para terminar. Tão cedo isso não mudará. Se você continuar deixando a diversão em segundo plano – talvez devido a alguma visão fantasiosa de uma distante aposentadoria –, acabará perdendo a energia de rejuvenescimento que ela proporciona.

Como definir diversão? Para mim é a atividade de alguém em benefício próprio, por prazer, pela conexão com outras pessoas, ou para expressar a própria criatividade. É um jogo como o golfe, ou um hobby como a pintura. É brincar de luta com as crianças ou arremessar uma bola para o seu cachorro. É fazer caminhada ao ar livre ou pescar num riacho de trutas. É aventura. É lazer. É aprender a tocar flauta nativa americana (uma das minhas favoritas). É jogar frisbee no parque, nadar no mar, jogar tênis na quadra. São charadas, xadrez, jogos de tabuleiro e quebra-cabeça.

Às vezes, envolve desafio e competição; outras vezes, não passa de brincadeira. Seja qual for a atividade ou o lugar, a diversão é essencial para o rejuvenescimento.

As melhores coisas da vida provavelmente jamais serão riscadas de uma lista de tarefas.

PASSO 1 — PARAR

A diversão não tem um produto final, e por isso flui por conta própria. E esse é o seu poder secreto. Quando você não está trabalhando para alcançar um resultado, você tem liberdade para ser ineficaz, o que significa que pode recuar e experimentar, tentar novas coisas e imaginar o mundo de maneira diferente do que parece ser. Como diz a autora Virginia Postrel, "A diversão alimenta a mente flexível, a disposição a pensar em novas categorias, e a capacidade de fazer associações inesperadas. O espírito da diversão não somente encoraja a resolução de problemas, mas também estimula, por meio de novas analogias, a originalidade e a objetividade."[33] A diversão produz grandes avanços criativos.

Todos nós conhecemos os *hábitos* das pessoas muito bem-sucedidas, mas e quanto aos seus *hobbies*? Nas palavras do psiquiatra Stuart Brown, "O trabalho não funciona sem diversão".[34] As melhores e mais brilhantes mentes já sabem disso. Bill Gates joga tênis. Ele também joga bridge com Warren Buffet. Dick Costolo, ex-executivo do Twitter, faz caminhadas, esquia e cria abelhas. E o cofundador do Google, Sergey Brin, faz ginástica, anda de bicicleta e joga hóquei em patins.[35] Essas atividades não correm paralelamente ao sucesso dessas pessoas – elas fazem parte desse sucesso. Os presidentes dos EUA George W. Bush, Jimmy Carter, Ulysses S. Grant e Dwight Eisenhower eram todos adeptos da pintura. Winston Churchill também. "A grande força de Churchill", segundo o historiador Paul Johnson, "era o seu poder de relaxamento", e grande parte desse poder provinha da pintura. Ele se envolveu com esse hobby num momento sombrio da sua carreira, e o manteve pelo resto da vida – mesmo durante a pior parte da Segunda Guerra Mundial. Johnson argumenta que "O equilíbrio que ele manteve entre o trabalho infernal e o lazer criativo e revigorante deveria ser estudado por todos aqueles que ocupam uma posição importante."[36]

O segredo para esse tipo de atividade revigorante, como o próprio Churchill afirmou, é afastar-se das rotinas de trabalho. Nós usamos nosso corpo e nossa mente de uma maneira quando nos divertimos e de outra quando estamos trabalhando. "Um homem pode esgotar uma parte específica da sua mente se usá-la continuamente e levá-la ao desgaste, do mesmo modo que pode gastar os cotovelos do seu casaco", escreveu ele em um ensaio sobre pintura, acrescentando uma importante distinção:

> Todavia existe uma diferença entre as células vivas do cérebro e os objetos inanimados... As partes cansadas da mente podem receber descanso e fortalecimento, não meramente por meio de

uma pausa, mas pelo uso de outras partes. Não é suficiente apenas desligar as luzes que iluminam o campo de interesse principal e comum; um novo campo de interesse deve ser iluminado.

E ele continuou: "Não adianta convidar o... homem de negócios que passa seis dias trabalhando ou se preocupando com coisas sérias para trabalhar ou se preocupar com bagatelas no final de semana".[37] Para que o rejuvenescimento aconteça é importante mudar as coisas.

Essa deve ser uma das razões pelas quais o tempo que se passa em meio à natureza tem tanto poder restaurador. Afastar-se dos afazeres da vida para interagir com a natureza, mesmo que seja por poucos minutos, pode trazer efeitos positivos à nossa energia mental e ao nosso desempenho cognitivo. Em um estudo, pessoas que realizaram testes de memória e de atenção aumentaram sua pontuação em vinte por cento depois de caminharem em meio a uma mata.[38] O tempo dedicado a isso não tem de ser longo. Breves "paradas" para ter contato com a natureza já ocasionam benefícios perceptíveis para a nossa mente.[39] Contudo, passar longos períodos em meio à natureza traz grandes benefícios à nossa criatividade e às nossas habilidades para resolver problemas. Depois de passar quatro dias numa floresta, desconectados de qualquer tipo de tecnologia digital, estudantes mostraram desempenho cinquenta por cento melhor num teste de resolução de problemas. "Nossos resultados demonstraram que passar algum tempo em meio à natureza proporciona vantagem cognitiva", disseram pesquisadores.[40]

E os efeitos mentais positivos não se resumem a ganhos no âmbito cerebral como foco, criatividade e resolução de problemas. A natureza torna melhor o nosso humor, a nossa generosidade e muito mais.[41] Passar algum tempo na natureza é uma excelente maneira de obter rejuvenescimento físico. Eu sempre me sinto relaxado quando estou desconectado e ao ar livre. Isso acontece porque a natureza elimina o estresse, e oferece inúmeros outros benefícios, entre os quais:

- Renovação da energia física
- Diminuição da ansiedade
- Diminuição da tensão muscular
- Redução dos hormônios do estresse
- Redução da frequência cardíaca
- Redução da pressão sanguínea[42]

Muitos desses benefícios se estendem para a nossa saúde mental, é claro, formando um círculo virtuoso. As pessoas podem até encarar esses benefícios como complementos ou aprimoramentos opcionais na vida delas. Mas a verdade é que são familiares, comuns. Nós somos programados para ter momentos de diversão, relaxamento e descanso, especialmente em ambientes naturais. Se quiser se manter focado, você precisa incluir em sua agenda ocupada doses regulares de recreação, exercício físico e diversão de verdade.

Prática 6: Refletir

Outra fonte de rejuvenescimento é a reflexão. Há muitas formas de fazer isso, mas as mais frequentes são leitura, escrita de um diário, introspecção, meditação, oração ou adoração. Boa parte do que abordamos até agora prioriza o corpo: dormir, comer, exercitar-se e assim por diante. Todas essas coisas são boas para a alma. Mas nós também precisamos dedicar intencionalmente algum tempo ao rejuvenescimento da nossa mente e do nosso coração. Essa primeira seção é intitulada Parar, e parar para refletir costuma ser a última coisa que fazemos – quando fazemos. Mas nós precisamos arranjar tempo para esses tipos de prática de reflexão. Caso contrário, corremos o risco de nos perdermos.

Para pessoas ocupadas como nós é bem fácil correr pela vida em alta velocidade, agindo e tomando decisões sem nem mesmo pararmos para entender aonde estamos indo, quem estamos afetando, e em que todas essas ações e decisões se transformarão. Essa falta de percepção ao longo de semanas, anos e décadas produz uma vida vivida aleatoriamente, às pressas e como reação a forças externas. Não é o tipo de vida que deixa saudade.

As mídias sociais e a nossa cultura de gratificação instantânea também se juntam à nossa agenda frenéticas para tornar ainda mais séria a situação. É possível passar por sobre a superfície da nossa vida sem nunca ir mais fundo do que atualizações de status, compras com um clique e compulsão por streaming de televisão. Nós jamais conseguiremos rejuvenescer por completo, a menos que desaceleremos e contemplemos nossa vida e o modo como caminhamos pelo mundo.

Esforce-se para conseguir tempo para reflexão todos os dias. Que ideias realmente importam para você? O que você está sentindo? Dê a si mesmo espaço para pensar no decorrer do seu dia – pensar em suas decisões diárias, em suas vitórias, derrotas, ideias, insights e em tudo o mais que torne o seu dia especial. Esse exercício assegura que você se conecte com um *porquê*

MINDSET DO FOCO · Michael Hyatt

maior, e que não se perca nas minúcias da vida. Permanecer firmemente conectado ao seu *porquê* lhe dará a energia e a força de que precisa para concluir seu trabalho e terminar a corrida – todos os dias.

Prática 7: Desconectar-se

Mas como essas práticas o levarão a vencer? Essa é uma boa pergunta. Mesmo que você acredite na eficácia delas, pode ser difícil levá-las a cabo. Quando estamos acostumados ao excesso de trabalho, pode ser fácil continuarmos conectados aos nossos trabalhos mesmo quando tentamos nos desligar. Nós nos deixamos levar por padrões maquinais como trabalhar nos fins de semana e sacrificar o sono quando devíamos usar nosso tempo de folga para renovar a nossa energia. O celular está sempre no bolso, o e-mail está a um clique de distância, e notificações sonoras não param de solicitar a nossa atenção.

Você poderia investir numa gaiola de Faraday do tamanho de um quarto e se isolar de qualquer sensação elétrica. Mas isso seria excessivo. Porém, nós precisamos encontrar algum modo de nos desconectar de fato. Tendo em vista que isso é extremamente difícil para muitas pessoas, eu recomendo que você elabore várias regras que o ajudem a se desconectar durante as noites, os finais de semana e as férias. Eis aqui quatro regras que eu uso (com uma exceção que você encontrará no capítulo 8). Sinta-se livre para criar as suas próprias regras e compartilhá-las com qualquer pessoa que o ajude a colocá-las em prática.

Primeira regra: *não pense em trabalho*. Afaste isso da sua mente. Preocupar-se com trabalho enquanto passa tempo com a sua família e os amigos o faz fisicamente presente, mas mentalmente ausente. Mesmo quando está lá, você não está. Fique atento à aproximação sorrateira da preocupação. Quando perceber que está pensando em trabalho, busque concentrar-se em alguma outra coisa.

Segunda regra: *não faça nada relacionado a trabalho*. Isso inclui permanecer em contato e manter-se atualizado. Ative o modo "Não Perturbe" do seu celular, ignore seu e-mail e o programa Slack, e desligue tudo. Deixe o seu celular numa gaveta. Feche aplicativos como o Slack ou o e-mail, e não os abra durante o seu tempo de inatividade.

Terceira regra: *não fale sobre trabalho*. Evite passar o seu tempo de descanso discutindo projetos, vendas, promoções ou problemas de trabalho. Desse modo, você dará a si mesmo e à sua família uma pausa muito necessária. Dê permissão às pessoas a sua volta para chamarem-lhe a atenção se você voltar a mencionar coisas do trabalho.

PASSO 1 — PARAR

Quarta regra: *não leia sobre trabalho*. Isso inclui livros, revistas e blogs relacionados ao trabalho, e também coisas como podcasts e vídeos de treinamento. Cultive outros interesses e use o seu tempo livre para dedicar-se a paixões que não estão relacionadas com trabalho.

Juntamente com o sono reparador, desconectar-se deve ser a mais desafiadora de todas as práticas. Quando pesquisadores pediram a mil estudantes universitários em dez países que se desconectassem de seus dispositivos por apenas vinte e quatro horas, esses estudantes em sua maioria não fizeram isso. "Eu me sinto como um viciado em drogas", disse um deles. "Eu me sentava na cama e ficava fitando o vazio", relatou outro. "Eu não tinha nada para fazer".[43] É precisamente por isso que as outras práticas são tão importantes. Eu não estou sugerindo que você se desconecte de todos os seus aparelhos; isso pode ser útil, mas é um tanto exagerado. Em vez disso, eu sugiro que você preencha o seu tempo de rejuvenescimento com outras atividades significativas no período de folga, tais como divertir-se, interagir e refletir, a fim de que você rejuvenesça completamente.

Renovando-se

Eu espero que este capítulo tenha mandado pelos ares alguns mitos antigos no que diz respeito a gerenciamento de tempo *versus* gerenciamento de energia. Lembre-se de que o tempo não é um recurso renovável. Ele é fixo. Não é possível fazer nada para acrescentar um único segundo ao dia. Contudo, a energia é renovável. Ela é flexível, e nós podemos tomar medidas positivas para que ela se torne flexível em nosso benefício. Nós podemos aumentar a nossa energia exponencialmente quando dormimos, comemos, nos exercitamos, nos conectamos, nos divertimos, refletimos e nos desconectamos para o rejuvenescimento. Então, podemos orientar essa energia do modo que quisermos, nas formas designadas para alimentar nosso *porquê*, melhorar nossa vida e nos levar à liberdade que buscamos.

Coisas incríveis acontecem quando nós Paramos. Nós criamos espaço para Formular, para enxergar claramente aonde queremos chegar e o que queremos que nossa vida se torne. Nós reservamos tempo para Avaliar, compreendendo exatamente onde estamos e qual é a nossa atual situação. E nós arranjamos tempo para Rejuvenescer, investindo em nós mesmos e em nossas reservas de energia mediante passos intencionais em prol do nosso descanso, de nossa saúde e de nossos relacionamentos. Talvez tenha parecido contraditório começar com Parar, mas a essa altura eu espero que tenha entendido a importância de fazer uma pausa. Como aprendemos, você não pode chegar aonde pretende a menos que saiba onde está agora e aonde quer

chegar. Depois de completar os exercícios que se seguem, você estará pronto para ir para o Passo 2: Cortar. É nessa etapa que você realmente começará a perceber sua nova visão de produtividade tomando forma.

AUTOAVALIAÇÃO DO REJUVENESCIMENTO

Pode ser difícil reservar tempo para coisas como descanso, exercícios e alimentação saudável, relacionamentos e períodos de reflexão. Mas a vida é melhor quando tornamos essas coisas prioridade. Isso acaba nos proporcionando mais energia e vigor, e no final das contas beneficia todas as áreas da nossa vida – incluindo a nossa produtividade.

Baixe o arquivo da Autoavaliação do Rejuvenescimento de FreeToFocus.com/tools. Confira a sua classificação de acordo com as perguntas da avaliação, e então some os seus pontos. Muitas vezes nos sentimos cansados de maneira geral, mas essa ferramenta identificará áreas *específicas* que talvez necessitem de maior atenção. Considere retomar a avaliação depois de alguns poucos meses para saber como você está melhorando, e quais áreas ainda precisam de atenção.

Depois, baixe o arquivo do Ponto de Partida do Rejuvenescimento de FreeToFocus.com/tools. Essa ferramenta o capacitará a refletir a respeito de uma possível meta para cada uma das sete práticas de que tratamos nesta sessão. Após identificar pelo menos uma meta por área, selecione as duas que você deseja focar no próximo mês. Por fim, para que você não perca as metas de vista, identifique um Gatilho Acionador para cada uma dessas duas metas. Isso é apenas algo que o fará lembrar-se da sua meta. Pode ser um bilhete no espelho do seu banheiro, ou um lembrete em seu celular – qualquer recurso que o leve a se lembrar das suas metas e indique a ação que você precisa tomar.

PASSO 2

CORTAR

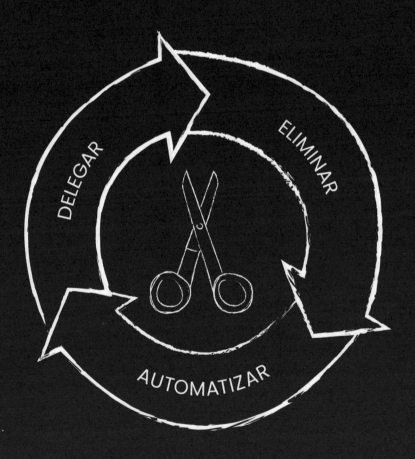

4

ELIMINAR

Exercite o seu músculo do "não"

As coisas que eu não fiz me trazem tanto
orgulho quanto as coisas que eu fiz.

STEVE JOBS

Muitos anos atrás, eu me coloquei em uma das piores situações da minha vida profissional. Eu disse que *me coloquei* nessa situação porque foi exatamente o que aconteceu: eu disse "sim" a muitas coisas. Em uma semana eu cuidei de reuniões de diretoria para três empresas diferentes, duas das quais eram fora da cidade. Também tive de ministrar cinco palestras diferentes entre as reuniões de diretoria e a viagem. Mas espere: eu já mencionei que também estava revisando, com prazo apertado, o manuscrito editado e corrigido de um dos meus livros? E é claro que, enquanto eu me desdobrava acompanhando reuniões, palestrando e editando, eu lidei com os 669 e-mails que me esperavam em minha conta privada. Eu me senti exausto e sobrecarregado, mas a culpa foi toda minha. Eu disse sim a todas essas coisas.

Você provavelmente teve semanas – ou meses, ou anos – como essas também. Entre trabalho, família, atividades sociais, igreja/comunidade e

um milhão de outros tipos de compromissos, nós livremente cedemos nossa preciosa energia a praticamente qualquer um que peça. Nós sabemos que não podemos dizer sim a todos, mas mesmo assim nós aceitamos muito mais responsabilidades do que deveríamos. Por que fazemos isso a nós mesmos? Por falta de coragem, em muitos casos. Há os que odeiam conflito, os que sentem culpa por desapontar as pessoas, ou os que se afligem com a ideia de perderem novas oportunidades. Seja qual for a razão, é importante sentir--se à vontade para dizer não.

O truque é lembrar-se do que está em jogo. Você já fez o esforço de descobrir o seu *porquê*; agora deve manter o seu *porquê* diante de você o tempo todo. Coragem é a disposição de agir apesar do medo, em prol de um valor ou princípio importante. O seu *porquê* é um importante valor ou princípio! Isso significa que vale a pena protegê-lo, e que se você não o proteger, ninguém protegerá.

> **Eu acredito que coragem é a disposição de agir apesar do medo, em prol de um valor ou princípio importante.**

Se queremos ser livres para focar, nós devemos eliminar tudo o que possa nos atrapalhar em nosso caminho. Isso não significa simplesmente dizer não a uma montanha de ideias ruins; isso também significa recusar uma montanha de ideias boas e compensadoras. No mundo atarefado de hoje, é muito fácil encontrar pessoas com excesso de trabalho e compromissos. Trabalho árduo consiste em reunir coragem para dizer não a pedidos que não são importantes, e para eliminar tarefas irrelevantes que já estão devorando seu tempo e sua energia. Enquanto outros sistemas de produtividade focam a elaboração da perfeita lista de tarefas, eu prefiro concentrar a nossa energia numa estrada menos percorrida: a Lista do que Não Fazer.

Neste capítulo, você descobrirá como recuperar o seu tempo eliminando tarefas que não são essenciais – as tarefas que acabam com o seu dia, mas não o deixam mais próximo de suas metas. Nós combateremos essas desperdiçadoras de tempo analisando cinco modos de excluí-las cuidadosamente da sua agenda e da sua lista de tarefas sem arruinar seu negócio. Fazendo isso, você aprenderá a eliminar tarefas e compromissos desnecessários, a calcular o verdadeiro custo de todos os seus "sins" imprudentes e a liberar o poder do não. Dizer "não" pode lhe parecer impossível hoje, mas é mais fácil do que você pensa. Poucas coisas energizarão você e a sua produtividade mais do que a poderosa palavrinha *não*. Agora vamos aprender a usá-la.

Entendendo a dinâmica do tempo

O pôquer não é conhecido por gerar riqueza; é mais uma transferência de riqueza. É o que se costuma chamar de jogo de soma zero. Cada jogador traz dinheiro à mesa, e esse é todo o dinheiro envolvido no jogo. Se cinco jogadores trouxerem cem dólares cada um para a mesa, então as apostas do jogo serão de quinhentos dólares. E isso é tudo. Durante todo o jogo, cada jogador controlará uma parcela diferente desses quinhentos dólares, mas em qualquer momento a soma das posições de todos eles será de quinhentos dólares. Se eles jogarem até que o vencedor fique com tudo, esse vencedor levará quinhentos dólares – nem mais, nem menos. No decorrer de uma noite inteira de jogo de cartas, nenhum desses jogadores poderá fazer nada para gerar mais dinheiro; todos terão de jogar com os quinhentos dólares originais, do princípio ao fim.

Com o tempo ocorre exatamente a mesma coisa. É um jogo de soma zero. Não há muito para gastar porque, como vimos no capítulo 3, o tempo é fixo. Não se estende. Você e eu temos apenas 168 horas por semana. Se o tempo, e portanto a nossa agenda, é um jogo de soma zero, então devemos perceber que dizer sim a uma coisa significa dizer não a alguma outra. Mesmo que odiemos dizer não, nós devemos compreender que todo sim contém intrinsecamente um não. Por exemplo, se alguém me convidar para um café da manhã às sete da manhã, eu não poderei dizer sim a isso sem dizer não aos meus exercícios físicos matinais. Ou ainda: se eu disser sim ao convite de um cliente para jantar durante a semana, estarei dizendo não a um jantar com a minha mulher. Você percebe como isso funciona? A verdade é que mesmo que odiemos dizer não, nós inconscientemente dizemos não o tempo todo – sempre que dizemos sim.

Com o tempo, todos esses pequenos "sins" e "nãos" se acumulam e nós acabamos com uma agenda lotada nas mãos. A certa altura, já não conseguimos mais acrescentar alguma coisa sem precisar eliminar outra. Isso significa que devemos fazer escolhas, porém com frequência não se trata de escolhas entre algo bom e algo ruim, mas entre oportunidades concorrentes que são boas, melhores e excelentes.

Reconhecendo as contrapartidas

Sim e *não* são as duas palavras mais poderosas quando se trata de produtividade. Devemos reconhecer, porém, que há sempre uma troca, uma

Mesmo que odiemos dizer não, nós devemos compreender que todo sim contém intrinsecamente um não.

contrapartida subentendida em cada uma. Como vimos pouco antes, sempre que dizemos sim a alguma coisa, nós estamos dizendo não a outra. É inevitável. O tempo é fixo, lembra? Eu não posso aceitar aquele convite para jantar com meu cliente e ao mesmo tempo ir jantar com minha esposa. Mesmo sem mencionar a palavra *não,* aceitar esse encontro significaria dizer não à pessoa mais importante da minha vida. É a contrapartida por dizer sim ao cliente.

É claro que eu não quero dizer que essas contrapartidas implícitas são todas ruins. Na verdade, é justamente o contrário. Quando você compreender a natureza das contrapartidas, passará a achar mais fácil dizer não quando precisar. Tudo o que você tem a fazer é pensar na troca que está realizando quando se depara com uma oportunidade. A maioria de nós não faz isso. Nós dizemos sim muito rapidamente, e somente mais tarde nos damos conta do que negociamos em troca desse *sim.* Contudo, quando você toma essas decisões compreendendo que está deliberadamente trocando uma coisa por outra, você pode exercer controle sobre essas decisões. Você pode conscientemente estimar o custo de dizer sim respondendo a algumas perguntas difíceis. Você pode se perguntar, por exemplo: *Do que eu terei de abrir mão se decidir dizer sim a essa oportunidade?* Ou então: *Dizer não a isso me permitirá dizer sim a alguma outra coisa melhor?* Abordar com confiança essas contrapartidas é empoderador, sobretudo para aqueles que relutam em dizer não.

Filtre os seus compromissos

Quando analisamos as contrapartidas em nossas decisões de compromisso é necessário um filtro, algo que nos permitirá processar um convite, um pedido ou uma oportunidade, e determinará se devemos dizer sim ou não. As coisas não ficariam mais fáceis dessa maneira? Imagine isto: um pedido chega, nós o avaliamos por meio de um esquema de tomada de decisão planejado e familiar, e a resposta se torna subitamente muito clara. Bem, quer saber? Nós já temos um filtro preparado para fazer exatamente isso.

No capítulo 2 você completou as planilhas do Filtro de Tarefas e da Bússola da Liberdade. Como uma genuína bússola, ela o colocará na direção correta. Ela o fará lembrar-se do seu verdadeiro norte, sua Zona do Desejo, sempre que você se perder ou começar a se desviar para a direção errada. Enquanto novos pedidos e oportunidades aparecerem, e enquanto você repensa as suas tarefas e compromissos atuais, eis aqui a regra de ouro de que você necessita e que lhe servirá por toda a vida: todas as tarefas e

os compromissos que estiverem fora da sua Zona do Desejo são possíveis candidatos à eliminação. Não estou dizendo que tudo tem de ser eliminado, mas são todos candidatos. Quando algo está fora da sua Zona do Desejo, você deve pelo menos parar para se perguntar: *Eu posso eliminar isso?*

Recusar e eliminar coisas talvez não fosse a ideia de produtividade que você tinha quando iniciou este livro, mas agora você já está mais bem informado. Você deixou de ser uma vítima do mito do *mais*. Sabe que a verdadeira produtividade não é sinônimo de espremer mais coisas em sua agenda lotada; é sinônimo de fazer o que *deve ser feito*. Isso significa que é essencial cortar o que não for essencial.

Pense nisso como fazer jardinagem. Um bom jardineiro não permite que as plantas cresçam livremente. Pelo contrário, ele apara constantemente a planta, cortando tudo que estiver morto ou enfermo. O nome disso é poda. O jardineiro desbasta até que permaneçam somente as partes mais robustas da planta. Por quê? Porque depois que todo o peso morto é removido, a planta pode se desenvolver e alcançar todo o seu potencial. O mesmo acontece com você. Eliminando o que não é essencial, você abre espaço para as coisas que realmente importam florescerem. Muitas pessoas ficam nervosas nesse estágio, mas é nele que você pode se divertir mais. Agora que você conta com informações claras sobre o uso da Bússola da Liberdade para guiá-lo, pode começar a processar seus compromissos, projetos e suas tarefas e dar início ao bom trabalho de eliminação. O melhor de tudo é que você pode fazer isso sem medo, porque sabe que está cortando apenas as coisas que estão emperrando a sua máquina de produtividade.

Uma das maneiras mais rápidas de focar o trabalho que produz resultados é eliminar tarefas e compromissos rotineiros que enchem as suas listas de tarefas e atulham a sua agenda. Corte tudo o que você puder das suas Zonas do Trabalho Enfadonho, do Desinteresse e da Distração.

PASSO 2 — CORTAR

Vamos começar com as coisas que já estão na sua lista de tarefas. Pegue a planilha do Filtro de Tarefas que você começou no capítulo 2. Agora é o momento de correr os olhos por sua lista e identificar os itens que estão sob ameaça de Eliminação. Veja como: Observe cada tarefa em sua lista que não classificou como uma atividade da Zona do Desejo. Para cada uma delas, pergunte a si mesmo: *Isso precisa mesmo ser feito? Posso simplesmente eliminar isso?* Por exemplo, se você revisou suas atividades diárias no capítulo 2 e pôs algo como "Navegar na internet" em sua lista de tarefas, eu aposto que não colocou isso na sua Zona do Desejo. Isso poderia ser eliminado. Porém, outras tarefas, como "Gerenciamento de fornecedores", precisam ser feitas mesmo estando fora da sua Zona do Desejo. Nesse exemplo, você pode não ser capaz de eliminá-la, então não ponha uma marca de seleção nela. Mas não se preocupe. Mais adiante falaremos sobre os modos de automatizar ou delegar esses tipos de tarefa. Por agora, apenas risque as coisas óbvias que podem ser removidas sem que haja consequências danosas para você ou para o seu negócio. Se for possível cortar algo com que ninguém vá se importar, então faça isso. Mais adiante falaremos mais sobre como eliminar essas coisas; por enquanto, basta que você marque com honestidade as coisas que no final das contas precisam sair.

Mas tome cuidado. Esse exercício colocará em perigo muitas das suas coisas favoritas – coisas que provavelmente se encontram na sua Zona da Distração. Às vezes você deve ter a coragem de dizer não a si mesmo também.

Lista do que Não Fazer

Existem milhares de aplicativos e sistemas de listas de tarefas, mas nunca vi sugerirem como solução uma lista de tarefas do que não fazer. É mais uma evidência de que o mundo padece com o mito do *mais*, acreditando que o segredo para a produtividade é fazer mais coisas, e fazer mais rápido. Provavelmente você também tentou essa abordagem antes. O problema, porém, é que a lista de tarefas sempre crescente não funciona. Ela simplesmente nos ajuda a passar *mais tempo* fazendo ainda *mais coisas* que no final das contas não importam. Por esse motivo é que boa parte do sistema *Free to Focus* envolve desbaste.

Trabalhando com clientes eu pude perceber que pode ser difícil eliminar algumas tarefas. Às vezes nós nos agarramos ao nosso "falso trabalho", até mesmo quando sabemos a verdade. Algumas vezes tememos dizer não, porque não queremos ofender nem desapontar as pessoas. Outras vezes, o hábito entra em cena e nós nos convencemos com um raciocínio

do tipo "Eu sempre fiz esse trabalho". Nós caímos naquela armadilha que Paul McCartney em tom de desaprovação chamou de "rotina confortável".[1] O trabalho não é energizante e não nos ajuda a avançar em nossos principais projetos e metas, mas nós nos acostumamos a ele.

O maior obstáculo pode ser a sua atitude mental. Eu trabalhei com dezenas de pessoas que se sentiam presas e entediadas em seu trabalho, mas não realizavam uma mudança porque mudanças ameaçavam desestabilizar a vida delas. Essas pessoas focavam o que poderiam perder, não o que ganhariam. Nós muitas vezes operamos com uma mentalidade de escassez que nos mantém agarrados a coisas que deveríamos abandonar, simplesmente porque temos medo de que outra oportunidade não apareça. Preste atenção ao que lhe digo: nós vivemos em um mundo de abundância exorbitante. Quanto mais eu vivo, mais constato a verdade dessa afirmação.

Não acredito nem um pouco em oportunidades que surgem "uma vez na vida". Oportunidades sempre aparecem, e nós não podemos permitir que o medo de deixá-las passar em branco nos leve a congestionar a nossa lista de demandas. Eu mencionei Michelangelo no início do livro. Você acha que ele estava preocupado em golpear outro pedaço de mármore quando sabia que algo lindo e significativo estava escondido debaixo dele? Não. Além do mais, se cometesse algum erro, ele sabia que tinha muito mais mármore com que trabalhar em seu caminho para criar uma obra-prima. Por isso, não tenha receio de pegar um cinzel e pôr mãos à obra. Você nunca alcançará o verdadeiro sucesso enquanto carregar nas costas o peso morto das suas Zonas do Trabalho Enfadonho, do Desinteresse e da Distração.

> **Nós vivemos em um mundo de abundância exorbitante.**

Dizendo não a novas solicitações

Depois que você aprender que o tempo é um jogo de soma zero, reconhecer as trocas que está fazendo, filtrar seus compromissos e criar a sua Lista do que Não Fazer, é hora de começar a dizer não. Dependendo da sua atual lista de tarefas e compromissos, sem mencionar as novas tarefas que chegam todos os dias, rápida e furiosamente, você provavelmente se sentirá à vontade para dizer não *muitas vezes*, sem problemas. Eu me senti à vontade quando comecei a colocar em prática limites firmes. Aprender a dizer não é uma peça crucial no quebra-cabeça da sua produtividade; sendo assim, vamos reservar algum tempo para compreender os pontos mais agradáveis de um não positivo.

PASSO 2 — CORTAR

"Não" raramente é uma resposta que as pessoas apreciam, mas isso não significa que deva ser rude ou humilhante. Na verdade, é possível dizer não de uma maneira positiva, que deixe você e a outra pessoa numa situação melhor do que a que estavam antes. Há duas situações comuns nas quais você precisará optar pela recusa graciosamente. Na primeira, você terá de lidar com novas situações às quais ainda não respondeu. Essas são mais fáceis. O segundo cenário exige um pouco mais de tática e sutileza, para não mencionar um nível saudável de integridade pessoal. Essas são coisas com as quais você já se comprometeu e sabe que estão fora da sua Zona do Desejo. Para ambas as situações, existem várias estratégias; vamos começar com as solicitações para as quais você ainda não deu resposta.

Por melhor que seja o seu sistema de produtividade, nada pode evitar que as pessoas lhe façam novas solicitações. Com efeito, quando você se torna mais produtivo e eficiente, pode desenvolver a reputação de pessoa sempre pronta para mais trabalho. Por isso é que você deve desenvolver uma estratégia à prova de bala para dizer não graciosamente a novas solicitações que se encontrem fora da sua Zona do Desejo e que, em última análise, não sejam compensadoras. Seguem-se cinco dicas úteis para um "não" diplomático.

1. Admita que os seus recursos são limitados. Seu tempo e sua energia são recursos limitados. Nós já vimos que o tempo é fixo, o que significa que você não pode acrescentar nem subtrair nada das horas que tem disponíveis todos os dias. Mas e quanto à energia? Se ela pode se expandir, ainda assim ela é finita? Sem dúvida que é. Mesmo que a sua energia possa se expandir, ela ainda assim tem limites. De forma proativa, é possível aumentar as reservas de energia, mas nós não temos uma quantidade infinita dela. Em algum momento você acabará consumindo toda a energia que tem, e ficará exausto.

Para evitar o total esgotamento, você precisa orçar o seu tempo e a sua energia da mesma maneira que faria com as suas finanças. Você não tem um fluxo infinito de dinheiro entrando todo mês, não é? Claro que não. Você pode ampliá-lo trabalhando horas extras ou conseguindo uma nova conta, mas ainda assim o seu rendimento tem limites. Esse é todo o dinheiro que você tem para gastar no decorrer do mês, e quem faz um orçamento cuidadoso inicia o mês com um plano determinando o destino de cada dólar. Quem prepara um orçamento sabe que quando o dinheiro acaba é o fim da linha. Se na metade do mês a pessoa sem dinheiro, terá de enfrentar o fato de que algumas coisas só poderão ser feitas na data do próximo pagamento. Ela terá esgotado os seus recursos financeiros. O mesmo ocorre com o seu

tempo e energia. Você tem apenas uma determinada quantidade para gastar, por isso precisa primeiro direcionar verba para os itens prioritários.

2. Determine quem deve ter acesso a você e quem não deve. Priorizar pessoas e projetos é um dos maiores desafios que um líder enfrenta, mas é essencial. Se você não distribuir seu tempo e sua energia, outra pessoa o fará. Elas o inundarão de pedidos e expectativas, roubando cada minuto e cada grama de energia do seu dia. Teoricamente, uma política de portas abertas parece uma boa ideia; mas, na prática, ela pode condená-lo a nunca conseguir realizar o seu próprio trabalho. Ser um bom líder não significa aceitar uma proposta no instante em que alguém liga oferecendo-a. Ser um bom líder significa focar suas prioridades mais importantes, e ao mesmo tempo contar com sistemas que garantam que tudo o mais será feito sem você. Se você é a pessoa que se encarrega de cada projeto ou problema, o seu sistema é um fracasso completo. Você pode servir bem apenas a um número limitado de pessoas, por isso certifique-se de que está priorizando aquelas que realmente precisam da sua atenção pessoal e direta.

3. Deixe que a sua agenda diga não por você. Umas das melhores maneiras de dizer não é culpar a sua agenda. Você pode fazer isso por meio de um recurso denominado *bloqueio de tempo*, mas coordenar isso requer um pouco de intencionalidade. Quando chegarmos ao meu modelo para a minha Semana Ideal (capítulo 7), você verá que eu bloqueio períodos para atividades específicas de grande prioridade. Minha agenda (e qualquer um que veja a minha agenda) entende esses bloqueios como reuniões, porque eles são. Eu estou agendando reuniões comigo mesmo. Com a minha agenda configurada dessa forma, eu estou preparado para a chegada de solicitações. Quando recebo algo que não se encaixa em meus critérios e interrompe minhas atividades agendadas, eu simplesmente digo que já tenho outro compromisso — o que é a mais absoluta verdade.[2]

Isso pode ser difícil para você, então vou dizer novamente. Mesmo que eu esteja em meu escritório trabalhando sozinho, não estou mentindo quando digo que tenho outro compromisso. Estou comprometido com as tarefas de grande prioridade das quais eu mesmo me encarreguei ou que já aceitei de outros. Eu não posso aceitar uma nova solicitação sem voltar atrás em um compromisso que já havia assumido, mesmo que esse compromisso original fosse comigo mesmo. Eu levo em consideração a troca, e deixo que a minha agenda diga não por mim.

4. Adote uma estratégia para responder às solicitações. O melhor momento para planejar uma resposta a uma solicitação é antes mesmo que a solicitação chegue à sua mesa. Você quer adotar com antecedência uma estratégia, a qual tornará muito mais fácil avançar nesse momento. Pessoalmente, eu me sinto um pouco pressionado quando alguém solicita meu tempo ou minha atenção, e, se eu não soubesse logo de início o que faria nesse tipo de situação, estaria muito mais sujeito a ceder à pressão e a assumir uma tarefa que sei que não deveria assumir.

Em seu livro *The Power of a Positive No* [O Poder do Não Positivo], o professor de Harvard William Ury descreve quatro estratégias para lidar com situações que demandam nosso tempo.[3] Três dessas estratégias não funcionam, mas ainda assim somos todos culpados de usá-las em algum momento. Somente uma dessas quatro estratégias funciona, e quase sempre ela é extremamente eficaz. Enquanto examinamos as quatro, uma a uma, tente se lembrar das ocasiões em que usou cada uma dessas abordagens.

A primeira estratégia é o que Ury chama de *acomodação*. Nós dizemos sim quando na verdade queremos dizer não. Esse tipo de reação costuma acontecer quando nós valorizamos o relacionamento com a pessoa que faz o pedido mais do que valorizamos os nossos próprios interesses. Não queremos causar conflito nem desapontar a pessoa, então nós acomodamos o pedido dela.

A segunda estratégia é o *ataque*. É quando dizemos não de maneira inábil. É o oposto da acomodação. Nesse caso nós valorizamos os nossos próprios interesses mais do que valorizamos a importância do relacionamento com a outra pessoa. A nossa resposta à solicitação é com frequência uma reação exagerada, ocasionada por irritação, medo, ressentimento ou pressão. Por um motivo qualquer, não aceitamos bem esse pedido, e então atacamos.

A terceira é a *fuga*. Isso se dá quando não dizemos absolutamente nada. Não retornamos a chamada nem respondemos o e-mail. Agimos como se não tivéssemos visto a mensagem de texto. Nós apenas ignoramos totalmente a solicitação ou esperamos um longo tempo antes de respondê-la, esperando que a situação se resolva por si mesma sem que tenhamos de nos envolver. Isso costuma acontecer porque nós receamos ofender a outra pessoa, mas na realidade não queremos fazer o que ela nos pede. Nós simplesmente ignoramos o problema e esperamos que desapareça. Mas raras vezes isso acontece, infelizmente.

Essas três reações ruins não funcionam individualmente, e algumas vezes elas se amontoam numa sucessão que Ury chama de "tripla arapuca".[4] Veja se esta situação lhe parece familiar: Alguém lhe envia um

e-mail pedindo a sua ajuda para alguma coisa. Você não quer fazer o que lhe pedem, e então ignora o e-mail (fuga). Uma semana mais tarde, enviam--lhe um segundo e-mail e tornam a fazer o pedido. Isso o irrita, e então você contra-ataca respondendo com um rude e seco "não" (ataque). Poucas horas mais tarde, e talvez depois de uma conversa constrangedora, você se sente culpado pela reação excessiva e com relutância concorda em fazer o que lhe pediram, como uma maneira de se desculpar (acomodação). Trata-se de um ciclo vicioso de reações ruins, e, no final das contas, como se não bastasse, você acaba concordando em fazer uma coisa que não queria desde o início.

Felizmente existe uma quarta estratégia, a *legitimação*. Essa é a reação que funciona; é geralmente satisfatória para ambos os lados e não nos leva a sacrificar nem o relacionamento nem as nossas prioridades. Essa reação saudável é o que Ury chama de "não positivo", um método simples composto de três partes: sim-não-sim.[5] Funciona da seguinte maneira:

1. **Sim.** Diga sim aos seus interesses e para proteger o que é importante para você. Isso também deve incluir a legitimação do outro. Você não quer envergonhar outras pessoas porque elas pensam em você como uma possível solução para o problema delas.

2. **Não.** A resposta continua com um "não" direto, que é claro e estabelece limites. Não deixe nenhum espaço para contra-argumentação, nenhuma ambiguidade, nem deixe aberta a possibilidade de que você faça isso em outra ocasião. Não leva a nada fazer uma pessoa pensar que você poderá ajudar mais tarde se você sabe que provavelmente não poderá.

3. **Sim.** Termine a resposta legitimando o relacionamento mais uma vez e oferecendo outra solução para a solicitação da pessoa. Desse modo você não toma a responsabilidade em suas mãos, mas demonstra apoio e interesse em que o problema seja solucionado.

Essa estratégia de legitimação, ou de validação, é surpreendentemente fácil de implementar, e pode poupar você de muita dor de cabeça e frustração.

Eis aqui um exemplo, tirado da vida real, de como eu utilizo essa abordagem em meu dia a dia no trabalho. Como ex-executivo do ramo editorial, muitas vezes eu sou procurado por aspirantes a escritor que me pedem para avaliar suas propostas de livro. Eu recebo vários pedidos desse tipo toda semana. Eu respeito o trabalho duro dessas pessoas e sua coragem para

pedirem a minha participação, mas em hipótese alguma eu poderia ler cada um dos trabalhos, muito menos submetê-los a uma avaliação crítica. Por isso, elaborei uma resposta usando a estratégia de legitimação de Ury.

Eu começo a resposta com um "sim": "Parabéns por seu novo projeto! Poucos escritores chegam tão longe. Obrigado por me escolher para avaliá-lo." Em seguida, eu passo para um *não*: "Infelizmente, em virtude dos meus outros compromissos, não posso mais me dedicar a esse trabalho. Por isso, sou obrigado a recusar." Repare que eu não deixei nenhuma ambiguidade nem sugeri que poderia dar uma olhada no trabalho mais tarde se tivesse tempo. Eu estabeleço um limite claro com um "não" firme. Por fim, eu encerro com um "sim": "Entretanto, eu posso lhe dar alguma orientação na sua busca para ter seu livro publicado. Se você ainda não tiver feito isso, recomendo que leia no meu blog a postagem 'Conselhos para escritores iniciantes'. Nessa postagem eu ofereço instruções, passo a passo, sobre as primeiras ações a serem tomadas. Também tenho um curso inteiro em áudio chamado *Get Published* [Seja Publicado], que concentra os meus mais de trinta anos de experiência na área editorial em vinte e uma sessões. Espero que isso lhe seja útil." E evidentemente eu forneço links para a postagem no blog e para minhas publicações. Eu tenho isso salvo como modelo de e-mail, assim fica sempre à mão e pronto para ser enviado quando um desses pedidos surge na minha caixa de entrada. (Falaremos mais a respeito de modelos de e-mail no próximo capítulo.)

Imagine agora várias situações que você enfrenta, tais como uma solicitação de reunião, uma oferta de venda, um convite para almoçar, ou um convite para participar de um novo projeto que não está em sua lista de prioridades. A resposta básica sim-não-sim serve para todas essas situações. Valide a intenção, apresente os seus motivos para recusar, e então valide novamente. Curiosamente, raras vezes alguém me pressionou depois de receber uma resposta baseada nesse método. As pessoas normalmente me respondem dizendo algo como: "Sem problema, eu entendo. Obrigado pelo retorno." De vez em quando, recebo uma resposta negativa, mas é de se esperar. Na realidade, isso nos leva à quinta e última dica para um "não" diplomático.

5. Aceite o fato de que você será mal compreendido. É importante que você se prepare para uma resposta negativa. Mesmo que expresse a sua recusa da maneira mais gentil, e ainda que você diga "não" apresentando os motivos mais justos, a outra pessoa acabará desapontada. Algumas vezes os outros expressarão de maneira direta a sua decepção para com você, o que é

sempre desagradável. Quando isso acontece, no entanto, eu respondo polidamente manifestando empatia, mas também reafirmando o meu não. Se você não respeitar os seus próprios limites, ninguém mais respeitará.

Desapontar algumas pessoas na vida é inevitável, por isso tenha certeza de que não está desapontando aqueles que lhe são mais importantes, como você mesmo ou sua família. Se eu dissesse sim a todos os pedidos para analisar propostas de livro, por exemplo, jamais chegaria em casa a tempo de jantar com a minha mulher, nem teria tempo para passar com meus filhos e meus netos. Alguém pode até sair desapontado, mas farei todo o possível para não desapontar as pessoas mais próximas a mim.

Afastando-se de compromissos existentes

Agora você sabe como lidar com novas solicitações que você ainda não aceitou, mas e quanto às coisas que você já concordou em fazer? É bem provável que você tivesse uma longa lista de compromissos já firmados antes de começar a ler este livro, e agora está coçando a cabeça, imaginando o que fazer com aquelas coisas que ficaram de fora da sua Zona do Desejo que você marcou para eliminação. Tenho de ser claro a respeito desse ponto: pessoas íntegras mantêm sua palavra. Em outras palavras, se você já se comprometeu a fazer algo, mesmo que isso não se encaixe em seu novo sistema, você deve encontrar uma maneira de honrar esse compromisso. Dito isso, não há nada de errado em tentar negociar o compromisso. Além disso, se executar determinado trabalho lhe causa desgosto, ou se você sabe que esse trabalho é um desperdício do seu tempo, o seu envolvimento nele provavelmente não será muito vantajoso para a outra pessoa, de qualquer maneira. Na melhor das hipóteses, você realizará essa tarefa com esforço e atenção mínimos. Esse é um bom motivo para reavaliar o acordo; sendo assim, vamos explorar brevemente quatro tipos de negociação para um compromisso já existente.

Em primeiro lugar, *responsabilize-se por ter aceitado o compromisso*. Não transfira a culpa nem tente se fazer de bobo. Às vezes nós fazemos isso dizendo coisas como "Eu não sabia em que estava me envolvendo". Mesmo que seja verdade, você devia ter esclarecido as condições antes de concordar.

Em segundo lugar, *reafirme a sua disposição a honrar o seu compromisso*. Não tente escapar do acordo que você fez. Isso resultará em falta de confiança, não apenas da parte da pessoa com quem está lidando, mas também com qualquer um que ouvir falar disso. Recusar-se a ir até o fim ou a ajudar a criar uma solução prejudicará a sua reputação, e você quer evitar isso.

PASSO 2 — CORTAR

Em terceiro, *explique por que honrar o seu compromisso não é o melhor resultado para a outra parte.* Concentre-se no que é melhor para eles, não para você. Ninguém se importa realmente em saber que impacto isso terá sobre você. Provavelmente tudo o que importa para eles é o compromisso firmado, e eles esperam que você o cumpra – e você deve cumpri-lo. Contudo, se os ajudar a perceber que a sua participação pode não ser interessante para eles, então eles ficarão pessoalmente mais dispostos para ajudá-lo a encontrar uma solução alternativa.

Em quarto, *ofereça-se para ajudar a resolver o problema com eles.* Não tire – eu repito, *não tire* – o fardo das suas costas lançando-o sobre as costas deles. Eles se ofenderão, e terão todo o direito de se sentir assim. Em vez disso, ofereça-se para ajudá-los a encontrar uma solução alternativa. Nesse meio-tempo, deixe claro que você não abandonará o seu compromisso até encontrar uma solução que seja satisfatória para os dois lados.

Transpor esses quatro passos garantirá que você faça todo o possível para eliminar o compromisso da sua lista sem deixar a outra parte na mão. Isso atenderá às suas necessidades e permitirá que você se afaste com a consciência limpa e sua integridade intacta.

Imagine que você tenha concordado em atuar num comitê, mas agora sabe que não tem nenhuma paixão pela atividade e nenhuma capacidade para realizá-la. Você a posicionou com convicção na Zona do Trabalho Enfadonho. Como resolverá essa situação? Em primeiro lugar, você pode argumentar da seguinte maneira: "Agradeço por pedir ajuda a mim, mas agora que me envolvi, eu me dei conta de que foi um erro aceitar essa tarefa no comitê". Com essa atitude, você assume a responsabilidade pela decisão que tomou. Você poderia prosseguir: "Porque eu aceitei esse compromisso e você conta comigo, sem dúvida estou disposto a honrá-lo e a cumprir minha parte no acordo". Desse modo, você se reafirma. Depois você pode explicar como a sua participação poderia inadvertidamente causar prejuízo ao projeto: "Dito isso, eu sinceramente não acredito que o meu envolvimento tenha utilidade de fato para o comitê. Vocês necessitam de alguém que mostre paixão pela missão e tenha capacidade para atuar na área pela qual sou responsável. Infelizmente, percebi que não tenho nem paixão nem capacidade para exercer essa atividade, e acho que ocupo um lugar que uma pessoa mais qualificada deveria ocupar." Então você pode seguir para o quarto passo, oferecendo-se para ajudar a resolver o problema. Seria algo como: "Você estaria disposto a me liberar do meu compromisso se nós trabalhássemos juntos para encontrar alguém que seja mais adequado para esse posto? Penso que isso seria uma vitória para mim, para você e para esse comitê."

Eu usei várias vezes uma variante dessa exata conversação, e usei esses quatro passos numa grande variedade de situações. E fico feliz em informar que nenhuma pessoa jamais se indispôs comigo. Algumas vezes me disseram não. Quando isso acontecia, eu me resignava e continuava a cumprir o meu compromisso, dando o meu melhor em prol da outra parte. Aliás, isso é exatamente o que a outra parte merece; eles não tinham culpa pela decisão errada que eu havia tomado e não podiam arcar com as consequências, que deveriam me atingir diretamente. Mas muitas vezes as pessoas concordaram em trabalhar junto comigo em busca de um substituto, e no final todos ficaram satisfeitos com os resultados disso.

Celebrando o processo de poda

A finalidade deste capítulo é deixar você à vontade para cortar da sua agenda tantas coisas quanto for possível. Como um bom jardineiro, é hora de cortar da sua agenda o máximo de coisas que estejam fora da sua Zona do Desejo; assim, quando você olhar para a sua agenda e para a sua lista de tarefas, verá somente as coisas que devem ser feitas, que é o que você deseja. Eliminar significa cortar todas as coisas *erradas* – mesmo que elas ocupem 80% da sua lista. É claro que o processo de eliminação pode lhe trazer uma dificuldade inesperada: você pode sentir culpa pelo tempo que está resgatando. Você pode sentir que está magoando outras pessoas dizendo não quando tem tempo para ajudá-las. Não caia nessa armadilha. Se cortar tarefas desnecessárias ou indesejáveis resulta em tempo livre para você, isso é algo para se celebrar! Não há absolutamente nada nisso que possa fazer alguém se sentir mal.

Como disse Steve Jobs: "Inovar significa dizer *não* a milhares de coisas". Não ceda à pressão de encontrar milhares de *outras* coisas para substituir aquelas para as quais você disse *não*. Você não está trocando uma tarefa por outra quando elimina itens da sua lista. Como já dissemos muitas vezes, a meta da produtividade deve ser obter mais fazendo menos. Você não chegará aonde quer se não se sentir bem *fazendo menos*. Suas melhores ações e seu melhor raciocínio surgem quando você está bem descansado e dá a si mesmo o benefício do tempo livre. Não há nada melhor para estimular a criatividade e a capacidade de resolver problemas. Sendo assim, opte por comprometer-se com o tempo livre e não sinta nem uma ponta de culpa ou vergonha por dizer não a atividades que se encontrem fora da sua Zona do Desejo, a fim de poder dizer sim ao tempo livre. Você ficará muito feliz quando fizer isso – e as pessoas que você mais ama também ficarão.

Se cortar tarefas desnecessárias ou indesejáveis resulta em tempo livre para você, isso é algo para se celebrar!

Faça uma pausa. No próximo capítulo, você aprenderá a automatizar algumas das tarefas indesejáveis que ainda ocupam espaço em sua lista.

ELABORE A SUA LISTA DO QUE NÃO FAZER

É hora de começar a eliminar as coisas que não são essenciais em sua vida! Esse é o momento em que você começa a focar sua visão de liberdade. Comece com sua planilha do Filtro de Tarefas e marque os que são candidatos óbvios à eliminação. Em seguida, baixe uma Lista do que Não Fazer em FreeToFocus.com/tools. Use essa planilha para registrar as tarefas que você *nunca* deve fazer.

O seu Filtro de Tarefas lhe rendeu um bom começo, mas não pare por aí. Por que você não pensa em outras situações? Liste as reuniões, os relacionamentos e as oportunidades que você jamais deve perseguir. Talvez seja uma associação que você queira encerrar, ou um relatório que perdeu a utilidade. Quando terminar a sua Lista do que Não Fazer, você tem de ser capaz de reconhecer cada um dos itens listados como coisas de baixo impacto, sem importância ou irrelevantes demais para ocupar a sua atenção.

5

AUTOMATIZAR

Subtraia a si mesmo da equação

A civilização avança ampliando o número de
operações importantes que nós podemos
realizar sem pensar nelas.

ALFRED NORTH WHITEHEAD

Se você for como a maioria dos profissionais no mundo moderno, os seus dias estão repletos de indagações, demandas, solicitações, visitas que aparecem de repente, e-mails, ligações no celular, mensagens de texto, mensagens corporativas e um milhão de outras distrações de pessoas que querem a sua total atenção. Como nós já constatamos, porém, nossa atenção é finita e valiosa. Nós nunca podemos dar nossa total atenção a todos, e às vezes nós não podemos dar nenhuma atenção. Se você quiser maximizar a sua produtividade, deve identificar exatamente o que requer e o que não requer a sua atenção; e quando algo merecer a sua atenção, você deve avaliar *quanto* da sua atenção concederá. Eis uma sugestão: se não for algo que faça parte da sua Zona do Desejo ou uma das suas tarefas de alta prioridade, não merece muito da sua energia mental.

Um modo de cuidar de tarefas essenciais com pouco investimento de atenção é fazer uso da automatização. Quando eu digo automatização, as pessoas geralmente supõem que me refiro a robôs, aplicativos e programas. Mas não é necessário ser um engenheiro ou um geek para se beneficiar com a automatização. Todos os dias surgem trabalhos nos quais nós não temos tempo de pensar, mas mesmo assim eles ainda precisam ser feitos. Contudo, quem disse que você tem de dar ao trabalho a sua *total* atenção? E se você pudesse se retirar da equação e ainda assim ter o trabalho feito? É nesse ponto que entra a automatização, e eu gosto de pensar no tópico dividido em quatro temas principais:

1. Automatização de si mesmo
2. Modelo de automatização
3. Automatização de processos
4. Automatização de alta tecnologia

Neste capítulo, nós avaliaremos os quatro e exploraremos várias estratégias de automatização cruciais, que o habilitarão a colocar no piloto automático muitas das tarefas das suas Zonas do Trabalho Enfadonho e do Desinteresse.

Automatização de si mesmo (Auto-automatização)

O seu primeiro passo é se automatizar por meio de um processo de automatização de si mesmo. Isso envolve implementar rotinas, rituais e hábitos para tornar mais fácil e mais eficiente para você seguir em frente com suas principais prioridades. Mais uma vez, o foco aqui é colocar no piloto automático o maior número possível de coisas em sua vida, para que você não tenha de parar e pensar nelas sempre que elas surgirem. Você quer produzir rituais e rotinas de modo que o seu corpo saiba o que fazer mesmo quando você não está pensando conscientemente neles. Por exemplo, a maioria das pessoas não precisa se concentrar nos passos específicos do ato de tomar banho; elas simplesmente sabem o que fazer depois que abrem o chuveiro. O corpo delas assume o controle, deixando a mente livre para pensar em outras coisas. Esse é um dos motivos pelos quais nós frequentemente temos ideias tão boas durante o banho. Aplicar essa abordagem simples em diferentes áreas da sua vida pode ser um divisor de águas.

Compreendendo os rituais. Um *ritual* é "qualquer prática ou padrão de comportamento regularmente realizado de modo definido".[1] Por exemplo,

os atletas profissionais em sua maioria têm um ritual para antes do jogo, uma série de ações que os prepara, mental e fisicamente, para alcançarem o máximo de desempenho. Isso se aplica a pessoas de grande sucesso em todas as profissões. O livro de Mason Currey, *Daily Rituals: How Artists Work* [Rituais diários: como os artistas trabalham], explora os rituais diários de mais de cento e cinquenta novelistas, poetas, roteiristas, pintores, filósofos, cientistas, matemáticos e outros. Os rituais ajudam esses profissionais a atingir o mesmo objetivo pelo qual nos esforçamos aqui: obter mais fazendo menos. Seus rituais diários, diz Currey, "podem ser um mecanismo primorosamente calibrado para tirar vantagem de uma variedade de recursos limitados: tempo (o recurso mais limitado de todos) e também força de vontade, autodisciplina, otimismo".[2]

Os rituais proporcionam três benefícios essenciais que o preparam para a vitória. Primeiro: enquanto muitos acreditam que rituais sufocam a criatividade, a verdade é que rituais libertam a criatividade. Formular rituais de maneira apropriada exige uma enorme quantidade de criatividade e de pensamento. Contudo, um ritual exige esse empenho somente uma vez por tarefa. O objetivo é evitar reinventar a roda sempre que a mesma questão surge. Em vez disso, você concentra a sua energia criativa em solucionar determinada coisa uma vez, organiza um sistema para aplicar essa solução sempre, e então fica livre para concentrar a sua criatividade em outras coisas. Considere, por exemplo, o seu deslocamento diário para o trabalho. Você não precisa pensar nos movimentos que está executando. Nas primeiras semanas, sem dúvida você gastará muita energia buscando descobrir o melhor caminho para o escritório, como evitar o tráfego e a que horas precisa partir. Depois dessa erupção inicial de esforço e energia mental, porém, o ritual assume. A partir daí a sua criatividade estará livre para focar outras coisas durante o seu trajeto até o trabalho.

Segundo: rituais aceleram o seu trabalho. Uma vez que define um ritual, você sabe exatamente o que virá em seguida a cada passo. É automático; você simplesmente não tem de pensar no assunto, o que naturalmente o torna bem mais eficiente nessa tarefa.

Terceiro: rituais corrigem os seus equívocos. Talvez seja mais exato dizer que eles *previnem* equívocos, porque elaborar rituais lhe permite antecipar diferentes pontos de possível falha e construir redes de segurança para cada passo no processo. Mesmo que tenha tido um começo ruim, você pode simplesmente elaborar a solução em seu ritual, tornando os rituais autocorretivos com o passar do tempo. O cirurgião e médico escritor Atul Gawande deu

destaque ao poder dos rituais codificados em listas de controle para eliminar erros em diversos setores. Ele enaltece as "virtudes da arregimentação".[3] Em sua própria área, a medicina, listas de verificação salvam milhares de vidas e economizam centenas de milhões de dólares todos os anos.

Quatro rituais fundamentais. Você pode construir um ritual em torno de qualquer tarefa repetitiva em sua vida. Como, quando e em qual ordem completar com sucesso várias tarefas diferentes? Criando rituais para isso. Eu utilizo e recomendo quatro rituais fundamentais: da manhã, da noite, do início do dia de trabalho e do encerramento do dia de trabalho. Eu agendo o tempo para esses rituais em minha Semana Ideal, que você encontrará no capítulo 7. Para manter o sistema funcionando conforme o esperado, eu executo mecanicamente, de maneira previsível e eficiente, várias ações necessárias todos os dias; isso mantém minha mente livre por mais horas diariamente do que eu teria se tentasse me lembrar dessas ações a cada momento que as realizasse.

Meu ritual da manhã tem início no momento em que eu acordo, e me acompanha por todo o caminho até o escritório. Esse ritual tem nove momentos, tais como "Tomar uma xícara de café", "Ler a Bíblia", "Jornal" e "Rever minhas metas". Juntas, essas nove ações tornam-se uma rotina. Eu as executo do mesmo modo e na mesma ordem todos os dias, o que me ajuda a tirar o melhor delas e a me preparar para o resto do dia. Meu ritual da noite funciona da mesma maneira, exceto pelo fato de que me ajuda a descontrair e me prepara para uma noite de sono. (E aqui vai uma dica profissional: programe um alarme para garantir que você vá para a cama no horário.) Os rituais da manhã e da noite de cada pessoa serão diferentes, dependendo da personalidade, dos interesses, da etapa da vida e de outros qualificadores.

E quanto aos rituais do início do dia de trabalho e do encerramento dele? Esses dois rituais estão claramente marcados na minha agenda em cada dia útil. Meu ritual do início do dia de trabalho começa às nove da manhã, e o do encerramento às cinco da tarde. Nessas duas etapas, todos os dias, meu cérebro segue os movimentos necessários para começar ou terminar o dia de trabalho. Eu ponderei exatamente o que é preciso acontecer para que cada dia de trabalho comece bem e termine bem, e coloquei essas tarefas num ritual.

Assim que eu entro no meu escritório dou início ao meu ritual do início do dia de trabalho. Repetindo as mesmas ações na mesma ordem diariamente, minha memória muscular assume o controle e me permite passar com eficiência pelo pequeno conjunto de tarefas que eu preciso realizar no

PASSO 2 — CORTAR

começo de cada dia. Com a ressalva de que a lista e a ordem dos elementos variarão de pessoa para pessoa, eis aqui as cinco tarefas que eu preciso executar para começar bem meu dia de trabalho todos os dias:

1. Esvaziar minha caixa de entrada de e-mail
2. Verificar o programa Slack
3. Checar a mídia social
4. Rever as 3 Maiores (assunto que nós abordaremos no capítulo 8)
5. Rever minha agenda

Esse ritual costuma levar cerca de trinta minutos, portanto a primeira meia hora do meu dia de trabalho, todos os dias, é dedicada a ele. Isso impede que eu carregue comigo esse conjunto de tarefas a manhã inteira enquanto tento me concentrar em outras coisas. Isso também evita que eu seja prejudicado pela agenda de outra pessoa.

Às cinco da tarde, diariamente, eu começo meu ritual de encerramento do dia de trabalho. Como seria de se esperar, essa série de ações é quase exatamente igual ao meu ritual de início do dia: e-mail, Slack e assim por diante. Isso porque, a essa altura, eu havia deixado de verificar meu e-mail e outras mensagens por cerca de oito horas, e eu sei que precisarei responder a perguntas e dúvidas que devem ter pipocado no decorrer do dia. Ciente de que, a partir do final da tarde, terei de responder mais mensagens do que respondi pela manhã, eu reservo cerca de uma hora para o ritual de encerramento. Se termino o ritual mais cedo, vou para casa mais cedo. Meu ritual de encerramento inclui os mesmos cinco elementos do ritual de início, mas eu acrescento mais dois elementos. Em primeiro lugar, eu reviso minhas tarefas principais da semana e minhas tarefas principais do dia. Em segundo lugar, eu estabeleço minhas principais tarefas do dia seguinte. A propósito, você poderá ler mais sobre esse assunto no capítulo 8.

Felizmente você já está começando a identificar algumas oportunidades para a automatização de si mesmo em sua vida. Talvez elaborando um ritual da manhã, de início ou de encerramento do dia de trabalho, ou então algo totalmente diferente. Talvez você tenha uma maneira particular de preparar apresentações no trabalho que seriam um candidato perfeito para automatização por meio de um ritual. No momento em que começar a procurar por oportunidades, você as verá em todo lugar. No final deste capítulo, você dará início a uma atividade projetada para pôr rapidamente em funcionamento seus próprios rituais da manhã e da noite.

Modelo de automatização

No capítulo anterior eu compartilhei um modelo que uso quando aspirantes a escritor me pedem para avaliar suas propostas de livro. Esse foi um exemplo de modelo de automatização, e por mais de três décadas tem sido uma das minhas formas prediletas de automatização. Eu recebo pedidos como esses praticamente todos os dias, e não me sobraria tempo para mais nada se eu tivesse de parar para escrever para cada uma dessas pessoas uma resposta pessoal e exclusiva. Claro que eu poderia contratar um assistente apenas para lidar com esse fluxo de solicitações, mas por que faria isso? Em vez disso, eu gasto uma pequena quantidade de tempo elaborando a resposta perfeita, e então uso essa resposta várias e várias vezes. Como já dissemos antes, automatização significa resolver um problema uma vez e depois deixar a solução no piloto automático. Os modelos permitem que você faça isso com apenas alguns cliques.

Para que os modelos funcionem, você precisa desenvolver um modelo de mentalidade. Sempre que trabalhar em um projeto pergunte a si mesmo: *Que componentes desse projeto eu voltarei a usar?* Se for algo que você espera fazer mais do que uma ou duas vezes, considere criar um modelo. Mesmo que no início lhe custe um pequeno esforço a mais, no geral representará uma enorme economia de tempo para você.

O tipo mais comum de modelo que eu uso em meu trabalho cotidiano são modelos de e-mail. Você já viu um desses, mas acredite: existem muitos. Com efeito, eu mesmo tenho trinta e nove modelos de e-mail diferentes instalados em meu computador, prontos para serem usados num piscar de olhos. Os membros da minha equipe adotaram esse conceito, e acrescentaram ainda mais modelos à coleção. Nós temos ao todo mais de cem modelos de e-mail, que usamos regularmente. Se você enviar agora um e-mail para mim ou para um dos integrantes da minha equipe, tem uma boa chance de receber uma resposta baseada num modelo. É evidente que isso não significa que a resposta seja fria e impessoal. Nem chega a ser uma carta formal. Na verdade, cada modelo de e-mail é uma resposta pessoal e cuidadosa às perguntas e aos pedidos que minha equipe provavelmente receberá num determinado dia. É cuidadosa porque, no início, nós passamos um bom tempo pensando sobre nossas respostas. E é pessoal, porque nós elaboramos modos de personalizar o modelo para que cada destinatário se sinta como se o e-mail tivesse sido escrito apenas para ele.

Automatização significa resolver um problema uma vez e depois deixar a solução no piloto automático.

Agora que você sabe o que é um modelo de e-mail, vamos examinar o meu modo de usá-lo. Obviamente, o primeiro passo é escrever um esboço de e-mail. Se for um e-mail comum, você provavelmente já tem algumas versões diferentes da mensagem em sua pasta de arquivos enviados do cliente de e-mail. Reúna os seus velhos e-mails e encontre um que possa ser transformado num modelo. Escreva uma nova versão do e-mail como se estivesse respondendo a uma determinada pessoa. Pense nas diferentes maneiras pelas quais você poderia responder à pessoa e ajudá-la. No e-mail que envio aos escritores que pedem a minha ajuda, eu me certifico de incluir um link para uma postagem relevante que escrevi no blog, e um link para um treinamento online que ofereço sobre o assunto. Eu pensei em todos os aspectos no esboço. Evidentemente, com o passar do tempo você poderá fazer modificações e ajustes em seu modelo a fim de melhorá-lo, mas o objetivo é nunca ter de repetir seu pensamento de alto nível.

Você pode estar pensando que o próximo passo é salvar o esboço de e-mail como um documento numa pasta e copiá-lo e colá-lo num novo e-mail sempre que precisar dele. Você pode fazer isso, mas existe um modo muito mais rápido e fácil e praticamente todos os clientes de e-mail fazem isso. O segredo é o recurso de assinatura de e-mail do seu computador. Eu uso um computador Mac e um cliente de e-mail básico Apple Mail para o meu e-mail. Como a maioria dos aplicativos de e-mail, o Apple Mail permite que você salve várias assinaturas de e-mail diferentes. Normalmente, você usaria apenas essas para inserir automaticamente o seu nome e talvez suas informações para contato comercial, mas nós vamos transformar esse recurso simples numa potência de produtividade. Sempre que crio um modelo de e-mail, eu o salvo em meu cliente de e-mail como uma nova assinatura. Depois, quando eu preciso usá-lo eu o coloco no corpo de um e-mail com um ou dois cliques.

No Apple Mail e no Outlook, por exemplo, as suas assinaturas salvas aparecem em um menu expandido numa barra de ferramentas no topo da janela de mensagem. Desse modo, quando chegar uma solicitação de e-mail, você poderá simplesmente apertar a tecla Responder e escolher o modelo apropriado por meio da assinatura de e-mail do menu expandido. Em seguida, você pode (e na maioria das vezes deve) personalizar o e-mail com o nome da pessoa, mas não passa disso. O que uma vez já levou dez minutos ou mais para ser feito pode ser resolvido em menos de um minuto, e às vezes em alguns segundos apenas. Trata-se de uma poderosa estratégia de economia de tempo para enfrentar montanhas de e-mail rapidamente.

Porém, os modelos não são apenas para e-mails. Você também pode criar modelos de cartas impressas que envia pelo correio. Por exemplo, se você contrata pessoas regularmente você pode criar modelos de cartas indicando que uma solicitação de emprego foi recebida ou revisada. Você pode até colocar a sua assinatura digital no documento; desse modo, você não terá de assiná-lo quando precisar usar um. Além disso, se você faz apresentações com frequência usando um conjunto de slides no Keynote ou no PowerPoint, você pode criar um modelo básico do conjunto de slides que já tenha o layout, os gráficos e os slides de título prontos para uso. Mesmo com o uso de modelos, o conceito básico permanece o mesmo: não reinvente a roda. Resolva o problema uma vez, tome nota da solução e, então, mantenha-a pronta para ser aplicada com alguns cliques apenas, sempre que você precisar.

Automatização de processos

O terceiro tipo de automatização, a automatização de processos, diz respeito simplesmente a um conjunto de instruções, escrito e fácil de seguir, para a realização de um trabalho ou uma sequência. Assemelha-se de certa maneira a um ritual, mas os processos de fluxo de trabalho são geralmente muito mais detalhados e específicos para um conjunto de tarefas. Levando-se em conta que um ritual é mais parecido com uma rotina, um processo de fluxo de trabalho é mais como o conjunto de instruções que você usaria para montar uma bicicleta para o seu filho ou uma peça de móvel do IKEA. Nesses casos, cada passo do processo é cuidadosamente detalhado e escrito, assegurando que qualquer um que consiga seguir as instruções alcance o objetivo com êxito.

Estou certo de que você já pode se lembrar de pelo menos um processo trabalhoso que se beneficiaria de um fluxo de trabalho simplificado e documentado. A boa notícia é que eles são bem mais fáceis de criar do que você imagina, e sua utilidade não pode ser subestimada. Veja a seguir cinco passos para transformar essas tarefas comuns e irritantes em um processo eficaz.

1. Repare. O primeiro passo para criar um fluxo de trabalho é prestar atenção ao que você já está fazendo a cada semana e identificar áreas nas quais um fluxo de trabalho possa ajudar. Que ações são essenciais para o seu negócio? Quais são repetitivas por natureza? Que tarefas você sempre tem de ensinar a alguém antes de sair da cidade em férias? Que perguntas outras pessoas fizeram a você por telefone enquanto você estava fora do escritório? Que tarefas causaram a paralisação de projetos porque você não

estava pessoalmente disponível? Observe os ritmos do seu negócio e registre os pontos de dificuldade que necessitam de documentação. É bem provável que você já tenha pensado em vários.

É melhor começar com algo simples para o seu primeiro fluxo de trabalho. Se escolher começar com o seu processo mais complicado, acabará se perdendo e desistirá. Prepare-se para ter êxito praticando com alguns processos fáceis primeiro. Quando escolher um processo simples para começar, avalie o procedimento inteiro do início ao fim. Considere os detalhes meticulosamente. Visualize todo o cenário. Eu gosto de supor que estou preparando o fluxo de trabalho para alguém que não sabe absolutamente nada sobre o trabalho que estou documentando. Se eu puder abordar o processo como se estivesse falando com alguém completamente por fora do assunto, na maioria das vezes eu consigo vislumbrar cada passo que essa pessoa precisaria dar.

2. Documente. Depois de conhecer o processo de que você precisa e pensar sobre cada parte, é hora de escrevê-lo. Certifique-se de captar cada passo necessário para que a tarefa seja completada. Não deixe nada de fora nem pegue atalhos. Sua meta nesta etapa é documentar cada minúcia em papel para que alguém que nada conheça sobre o processo possa executá-lo com perfeição. Aborde essa tarefa como um programa de computador abordaria. Um computador fará apenas o que o programador explicitamente lhe dizer para fazer. Ele não pode preencher lacunas, e a pessoa que segue o seu fluxo de trabalho também não pode. Dê às pessoas tudo o que for necessário para que elas realizem o trabalho.

Você pode documentar um fluxo de trabalho de muitas maneiras diferentes, e é uma boa ideia experimentar diferentes formatos e ferramentas até encontrar aqueles que funcionem melhor para você. Você pode tentar a documentação baseada em texto usando um simples processador de texto, ou um aplicativo de anotações mais avançado, como o Notion ou o Evernote. Muitas pessoas incluem vídeos de captura de tela como parte da sua documentação, tornando o fluxo de trabalho tremendamente simples para qualquer um seguir. E se quiser ser particularmente sofisticado você pode pesquisar mais ferramentas de processos customizadas, como a minha favorita atualmente, SweetProcess. Embora as soluções de software ajudem a organizar os seus pensamentos e façam os seus fluxos de trabalho decolarem, deixar-se intimidar pela tecnologia pode impedir que você tire vantagem do processo de automatização. É possível realizar o trabalho até mesmo com uma simples lista de verificação escrita à mão.

3. Otimize. Se você não pegou atalhos nem deixou nada de fora em sua documentação, o primeiro esboço do seu fluxo de trabalho provavelmente está mais longo do que você gostaria. Não há problema nisso, porque agora é o momento de otimizar. Nesta etapa, você deve revisar o que escreveu e fazer a si mesmo três perguntas:

1. Quais desses passos podem ser eliminados?
2. Quais desses passos podem ser simplificados?
3. Quais desses passos devem ser realizados em ordem diferente?

Com essa postura crítica, você aperfeiçoará o processo. Você quer dar às pessoas que seguirem o seu fluxo de trabalho toda a informação de que elas necessitam para realizar o trabalho, mas não tanta informação a ponto de fazê-las pularem passos porque o fluxo de trabalho é extenso demais.

Essa é a sua chance de melhorar o processo, tornando-o ainda mais eficaz.

4. Teste. Depois que o material estiver escrito e otimizado, é hora de testar o fluxo de trabalho. Esta etapa é crucial. Na verdade, é provavelmente nesta etapa que a maioria dos fluxos de trabalho falhos fracassam. Eles não funcionam porque a pessoa que os criou não os testou por tempo suficiente, ou usou sua própria experiência para preencher as lacunas nas quais as instruções não eram completas.

A minha experiência me mostrou que é melhor ser a sua própria cobaia aqui. Quando testar, execute somente o que você escreveu, para saber se perdeu alguma coisa. *Não trapaceie.* Se não estiver escrito, não faça. Testar o que está no documento – e apenas o que está no documento – revelará imediatamente eventuais falhas ou descaminhos. Faça anotações enquanto avança, corrigindo o fluxo de trabalho até obter um documento de processo perfeito e eficiente que funcione como o pretendido, não importa quem o esteja seguindo. Você também pode pedir a alguém de sua equipe para testar o fluxo de trabalho.

5. Compartilhe. Agora que você já sabe como funciona a documentação do processo, é hora de compartilhar isso com outros membros da sua equipe via e-mail, com as ferramentas de compartilhamento no aplicativo que você usou para criar o documento do processo, ou em um servidor de arquivos central. A ideia é compartilhá-lo e garantir que toda pessoa que precisar dele algum dia saiba onde encontrá-lo. Não se surpreenda se as pessoas

que usarem o fluxo de trabalho encontrarem lacunas. Estimule-as a fazerem melhoramentos adicionais. Não levará muito tempo para que você tenha um processo impecável, que poderá ser compreendido e seguido por todos. É então que você se dá conta do verdadeiro poder dos fluxos de trabalho: eles tornam o ato de delegar muito mais confiável e fácil de implementar.

Os exercícios para este capítulo incluem uma planilha denominada Otimizador do Fluxo de Trabalho. Ela servirá como um lembrete útil das cinco etapas que acabamos de abordar. Por enquanto, porém, examinaremos o quarto e último tipo de automatização.

Automatização tecnológica

Chegamos por fim à automatização tecnológica – o ponto em que a maioria dos que buscam produtividade costumam *começar*. Apesar do tratamento duro que reservei à tecnologia neste livro, como quando destaquei a distração que ela é capaz de gerar, o impacto positivo que os modernos softwares e hardwares têm sobre os negócios é inegável. Para começar, eu diria que a automatização é o principal motivo pelo qual nós usamos tecnologia; nós queremos transferir o trabalho pesado e as tarefas repetitivas para um software, deixando assim nossa mente livre para enfrentar outros desafios. Quando você encontra o conjunto certo de ferramentas, basta configurá-las para que rodem em segundo plano e confiar nelas para que executem o trabalho sem o seu esforço.

Agora que falaremos a respeito de tecnologia, um pequeno aviso apenas: não se apegue a um aplicativo em particular. É claro que você quer encontrar aplicativos que funcionem bem para você, mas é preciso sempre estar aberto a mudanças caso apareça uma opção melhor e mais eficiente – ou caso o seu aplicativo ou serviço favorito subitamente tenha encerrado suas atividades. Eu já perdi a conta do número de aplicativos e ferramentas maravilhosos que inseri em meus fluxos de trabalho e caíram no esquecimento com o avanço sem fim da tecnologia.

Ao longo dos anos, eu aprendi que nós podemos contar com a tecnologia, mas não com as ferramentas individuais. Por esse motivo é mais importante focar o *tipo* de ferramenta que você precisa em vez de *qual* ferramenta usa. Eu, por exemplo, uso sempre algum aplicativo de lista de tarefas, porque valorizo esse tipo de software. Contudo, posso mudar o aplicativo específico que estiver usando em determinado momento, seja ele Todoist, Wunderlist, Nozbe ou qualquer um dos muitos que já experimentei. Considerando que o tipo é o que mais importa quando se trata de soluções tecnológicas,

examinaremos os quatro principais tipos de aplicativos que são capazes de fazer a sua produtividade disparar.

Softwares de filtragem de e-mail. Lembra-se de quando o e-mail apareceu pela primeira vez em sua vida? Eu me lembro. Talvez você seja tão jovem que nem tenha conhecido o mundo sem o e-mail, mas eu me recordo vividamente da época em que o e-mail surgiu. A America Online (AOL) foi um dos primeiros serviços de e-mail acessíveis ao consumidor, e sua mensagem "Chegou e-mail para você!", sua marca registrada, provocava em mim uma onda de alegria e expectativa sempre que eu a ouvia. Hoje em dia, porém, minha reação à minha caixa de entrada é muito menos entusiasmada. Se o deixarmos sem vigilância, o e-mail torna-se uma besta inflada e exigente capaz de devorar dias inteiros – até mesmo semanas. Houve semanas ao longo da minha carreira em que recebi mais de setecentos e-mails, cada um deles competindo por um pouquinho do meu tempo, energia e atenção limitados. Com um volume desses, o e-mail acabou se tornando mais um problema que uma solução.

Se isso lhe soa familiar ou lhe causa transtorno, considere investir num software de filtragem de e-mail. Às vezes acreditamos que essas ferramentas filtram apenas spams, mas isso é só o começo. Bons softwares de filtragem de e-mail ajudam a gerenciar a caixa de entrada do seu correio eletrônico realizando uma triagem automática de todas as suas mensagens e classificando-as em pastas segundo os critérios que você estabelece. Por exemplo, você poderia configurar filtros para que enviassem a uma pasta específica e-mails promocionais, anúncios, boletins informativos, recibos, mensagens pessoais e memorandos para projetos. Assim, as mensagens ficariam bem-organizadas desde o início, em vez de serem adicionadas ao poço sem fundo de uma caixa de entrada típica.

Os serviços de e-mail mais comuns, como Gmail, Outlook e Apple Mail, trazem integrados alguns recursos de filtragem. Produtos comerciais de filtragem excelentes, como o SaneBox, também estão disponíveis e são muito mais fáceis de usar. Eles funcionam como mágica, organizando constante e automaticamente o seu e-mail em segundo plano. Esse tipo de serviço representa o que há de melhor em automatização, e sem ele eu não posso viver no mundo do e-mail.

Softwares de macroprocessamento. Se a palavra *macroprocessamento* faz você engolir em seco, continue comigo por um minuto apenas. Prometo que isso não vai se tornar uma lição de programação de computador.

Macroprocessamento diz respeito ao software que lhe permite ordenar várias pequenas ações numa sequência. Isso transforma muitas microtarefas individuais numa única operação macro que você pode acionar com uma tecla de atalho, uma combinação de texto, uma condição específica em seu computador ou até mesmo com a sua voz.

Eu uso macros como parte do meu fluxo de trabalho diário, e os meus são ligados a teclas de atalho. Você provavelmente está familiarizado com o uso de teclas de atalho básicas como cmd+C ou ctrl+C para copiar e cmd+V ou ctrl+V para colar. Quando se acostuma a atalhos rápidos como esses, você quase nunca recorre ao mouse para cortar, copiar, colar, colocar em itálico ou sublinhar textos. Ocorre simplesmente que é mais fácil manter os dedos no teclado. É por esse motivo que eu adoro incorporar comandos macro de teclado ao meu trabalho. Por exemplo, usando um programa chamado Keyboard Maestro – em Mac apenas, mas há soluções para Windows –, eu tenho várias teclas configuradas que farão quase todas as minhas tarefas comuns de teclado ou de mouse. Em lugar de mover minhas mãos em direção ao mouse ou ao trackpad para encontrar e então iniciar o meu aplicativo de e-mail, eu posso simplesmente clicar um atalho no teclado para abrir esse aplicativo. Posso fazer o mesmo para abrir os meus outros aplicativos que mais utilizo.

Abrir aplicativos é somente uma pequena parte do que eu posso fazer com meus atalhos de teclado. Com a mesma facilidade, eu posso acionar ações muito mais complexas e específicas para tarefas, muitas das quais se tornaram indispensáveis para mim em minha escrita. Por exemplo, eu posso realçar um bloco de texto e pressionar um atalho no teclado para colocar todo o texto selecionado em maiúsculas, minúsculas ou maiúsculas/minúsculas. Talvez você não precise empregar muito esse recurso, mas eu preciso. Lembre-se de que o primeiro passo para automatizar um fluxo de trabalho é *perceber* quais são as suas necessidades de automatização. Quando eu me dei conta do tempo que desperdiçava correndo o mouse por cima das diferentes opções de formato de texto, decidi investir um pouco de tempo na configuração de comandos macro para elas. Agora eu consigo acionar esses recursos num instante; a essa altura, isso já faz parte da minha memória muscular. Uma vez que você configura um macro e treina o seu uso, toneladas de tempo podem ser economizadas no seu volume de trabalho.

Softwares de expansão de texto. O software de expansão de texto é um tipo diferente de tecla de atalho. Trata-se de um serviço que roda no seu computador e transforma fragmentos de texto pequenos e definidos num

texto mais longo e mais complexo. Por exemplo, quando eu teclo *;f2* em um documento, e-mail ou qualquer outro campo de texto, meu computador imediatamente expande esse atalho para "Free to Focus™" (incluindo o símbolo ™). Quando digitado, o atalho *;mhco* insere "Michael Hyatt and Company" no documento. O atalho *;biz* expande-se para exibir o número do meu telefone celular, e *;dlong* expande-se para se transformar na data de hoje. Eu digito todas essas coisas várias vezes por dia, e esses atalhos representam para mim uma economia de um segundo aqui e outro ali, o dia inteiro e todos os dias. Isso ajuda bastante.

Eu utilizo expansão de texto até para blocos de texto mais longos e mais complexos, como em respostas que costumo usar em mídias sociais e em notas que envio com frequência para a minha equipe via Slack. Como acontece com os meus modelos de e-mail, isso me permite enviar uma mensagem pessoal em questão de segundos. Eu uso tanto esse recurso que para mim é surpreendentemente difícil usar o computador de outra pessoa para realizar qualquer trabalho. Atualmente, o meu aplicativo favorito de expansão de texto é o TextExpander, que está disponível para Mac e Windows; mas existem por aí diversas outras boas opções.

Utilitários Screencast. Utilitários screencast registram o que está acontecendo na tela do seu computador ou tablet e salvam isso como um arquivo de vídeo que você pode editar e compartilhar com outros. Esse tipo de software é parte essencial dos meus processos de fluxo de trabalho. Com efeito, todos os meus cursos de treinamento online têm algum nível de screencasting. A maioria dos sistemas operacionais de computador e móveis trazem integrada uma função limitada para gravar tela, mas aplicativos de qualidade profissional como o ScreenFlow e o Camtasia levam esse recurso a um patamar superior. Eles dão a você controle total da gravação e proporcionam ferramentas de edição incríveis para a pós-produção. Com essas ferramentas mais sofisticadas, você pode sobrepor um vídeo do seu rosto em sua tela com áudio, permitindo que você fale com o espectador enquanto o acompanha pelo tutorial do screencast. Isso acrescenta um forte toque pessoal a vídeos e seminários on-line, e torna o seu fluxo de trabalho muito claro para qualquer um que dependa dele.

Encontre a maneira mais fácil

Neste capítulo, eu busquei apresentar a você o mundo da automatização examinando quatro dos tipos mais comuns de automatização. Nós começamos

MINDSET DO FOCO • Michael Hyatt

com a auto-automatização, que o desafiou a examinar as suas rotinas diárias e a elaborar rituais envolvendo as coisas que você já faz (ou quer fazer) diariamente. Depois, examinamos o modelo de automatização, que propôs que você sempre se pergunte: *Quais componentes desse projeto eu voltarei a usar?* Isso ajuda você a identificar tarefas repetitivas que estão prontas para serem automatizadas. Em seguida, exploramos a automatização de processos, que é firmemente baseada em fluxos de trabalho documentados. Por fim, mergulhamos nossos pés nas águas da automatização tecnológica, ocasião na qual examinamos quatro categorias diferentes de soluções de tecnologia. Eu espero que esses quatro tipos de automatização tenham lhe mostrado o que é possível fazer quando você começa a buscar maneiras de automatizar o seu negócio e a sua vida.

Se alguma vez você já se apanhou pensando *Tem que haver um modo mais fácil de se fazer isso,* você deve sempre presumir que há um modo mais fácil. Então encontre-o. Se você aplicar essa pergunta a tudo o que faz regularmente, vai ficar impressionado com a quantidade de tempo, problemas, esforço e energia que pode economizar em todas as pequenas tarefas que diminuem os seus recursos. Automatizar a sua vida tornará as coisas mais fáceis, libertará a sua criatividade, dará a você maior foco nas atividades mais importantes que você precisa realizar, e provavelmente tornará você mais produtivo a cada dia. A automatização é uma das ferramentas mais úteis da minha caixa de ferramentas de produtividade, e agora pode ser uma das suas também.

Quando você terminar os exercícios que virão a seguir, estará pronto para passar para o próximo capítulo. Nele, você entenderá o poder de delegar e aprenderá a lidar com as tarefas restantes que não pode eliminar nem automatizar. O ato de delegar é poderoso, mesmo que você não *acredite* que tenha a quem delegar. Você aprenderá dicas e estratégias que até mesmo o mais isolado empreendedor individual pode implementar imediatamente.

AGILIZE SUAS TAREFAS

A automatização é uma força poderosa em produtividade, mas não acontecerá em sua vida por acaso. Você não poderá desfrutar dos benefícios de economia de tempo proporcionados pela automatização se não reservar tempo para definir e implementar os sistemas que deseja. Para fazer isso, eu recomendo dois exercícios.

Primeiro, baixe a planilha Rituais Diários em FreeToFocus.com/tools. Usando esse modelo, você planejará os seus quatro rituais fundamentais. Você indicará quais atividades deseja incluir nesses rituais, e quanto tempo permitirá para cada uma. Então, somará esses períodos para saber quanto tempo levará para que execute os seus rituais. Cabe a você escolher as atividades específicas, mas pondere com cuidado cada passo que quiser incluir. No início, pode parecer estranho estruturar o seu tempo livre assim, mas tente por um mês. Isso terá um impacto capaz de mudar a sua vida.

Em seguida, volte para a sua planilha Filtro de Tarefas. Você já assinalou itens para eliminar; agora, marque candidatos à automatização e escolha um com o qual lidar hoje. Pode ser auto-automatização, modelo de automatização, automatização de processos ou automatização tecnológica. Para automatização de processos, eu tenho uma ferramenta bônus.

Baixe o Otimizador de Fluxo de Trabalho no FreeToFocus.com/tools. Assinale as ações necessárias, e isole e numere os passos na ordem requerida para alcançar o resultado que deseja. (Pense nisso como os ingredientes e as instruções de uma receita.) Tendo completado um esboço, teste-o e faça ajustes se necessário. Agora você pode tomar esse fluxo de trabalho como referência para refrescar a sua memória se necessário, ou compartilhá-lo com um membro da equipe para que ele saiba como fazer o trabalho para você – o que nos conduz à delegação.

6

DELEGAR

Clone a si mesmo – ou ainda melhor

Eu me propus a jamais fazer nada que outras
pessoas pudessem fazer ou fizessem quando
havia tantas coisas importantes a serem feitas
que outros poderiam ou não fazer.

DAWSON TROTMAN

Nós todos sabemos que dinheiro não compra felicidade, não é? Bem, vamos com calma. Pesquisadores usam a expressão *fome de tempo* para descrever o sentimento de ter mais tarefas do que tempo. Quando estamos correndo do lado errado do espelho, as nossas listas ultrapassam as nossas horas, e não há como acompanhá-las. Como nós já vimos, a corrida de ratos tem efeito direto e negativo em nossa produtividade e até em nosso senso de bem-estar.

Ashley Whillans, da Harvard Business Shool, liderou uma equipe de pesquisadores que abordou esse problema. Depois de estudar mais de seis mil participantes em diversos países economicamente avançados, ela descobriu que o truque para superar a fome de tempo e aumentar a sensação de bem-estar e satisfação com a vida era simples e claro – comprar mais tempo. Como isso é possível?

Depois de eliminar e automatizar tudo o que foi possível, restou em suas mãos uma lista mais curta de tarefas essenciais que devem ser executadas por alguém. A pergunta é: *Esse alguém tem de ser você?* Muitas vezes a resposta é não. Você não pode comprar felicidade, mas pode comprar de volta o seu tempo transferindo tarefas que considera estressantes ou desagradáveis – o que no final das contas é a mesma coisa. A delegação aumenta o nosso bem-estar porque reduz a quantidade de tarefas que nos estressam e nos causam desgosto, e porque nos ajuda a resgatar um senso de controle sobre as nossas agendas. "Gastar dinheiro para comprar tempo foi associado a maior satisfação com a vida, e o típico efeito danoso do estresse relacionado ao tempo sobre a satisfação com a vida foi suavizado entre indivíduos que usaram dinheiro para comprar tempo", disseram Whillans e seus coautores a respeito de suas descobertas.[1]

Espere aí, só mais um segundo...

Em sua essência, *delegação* significa focar principalmente o trabalho que somente você pode fazer e transferir tudo o mais para outras pessoas que tenham mais paixão pelo trabalho ou sejam mais hábeis nas tarefas. Mas vamos falar francamente: isso às vezes é difícil para grandes empreendedores. Sobretudo quando você carrega a maldição de concentrar todas as funções na sua empresa e de realizá-las de maneira mais ou menos decente. Eu disse "maldição" porque isso não é um elogio. Você contrataria propositalmente uma pessoa mais ou menos decente? Se você insiste em executar trabalhos pelos quais não tem paixão e para os quais não é hábil, parabéns: você ganhou o troféu de pior gerente de contratação de todos os tempos.

E nós sabemos a verdade. A maioria de nós admite que a delegação é estrategicamente inteligente e saudável em termos organizacionais. O problema é que nós a enxergamos como uma situação ideal que não funciona em nossas circunstâncias específicas. "Eu tenho responsabilidade demais", nós podemos dizer. "Não tenho em quem confiar para executar esse trabalho. Tenho de fazê-lo eu mesmo." Eu já disse isso muitas vezes. Mas como eu digo aos meus clientes (que algumas vezes também dizem o mesmo), isso não é verdade. A responsabilidade definitiva pelo resultado de uma tarefa pode recair sobre você, mas geralmente você pode receber ajuda para a execução. Do mesmo modo, nós podemos dizer: "Será mais rápido se eu mesmo fizer". Não é bem assim. A delegação exige que desaceleremos o suficiente para que uma nova pessoa se atualize. A longo prazo, porém, treinar e confiar em outras pessoas gera tempo em sua Zona do Desejo. Como disse Whillans, é como comprar tempo.

Você não pode comprar felicidade, mas pode comprar de volta o seu tempo – o que no final das contas é a mesma coisa.

PASSO 2 — CORTAR

Algumas pessoas se recusam a delegar por estarem convencidas de que não podem arcar com isso. Elas alegam que não há recursos para tanto. Ocorre, porém, que as metas de um empreendedor de sucesso sempre superam seus orçamentos. Nessas situações, o principal recurso que falta é criatividade, não dinheiro. Onde há vontade há um caminho — ainda que seja como uma ajuda em meio período, um assistente virtual ou um serviço freelance on-line. As horas que você dedica às tarefas da Zona do Desejo sempre serão mais rentáveis do que o tempo que gasta com qualquer outra coisa; assim sendo, o custo de delegar se paga por si mesmo, e até mais um pouco. Por agora, não se prenda aos recursos. É necessário esclarecer o *que* antes do *como*.

Você não pode comprar amor, mas pode comprar tempo. Todos nós temos 168 horas em uma semana. Mas a delegação permite que você resgate algumas dessas horas, sobretudo horas gastas em atividades fora da sua Zona do Desejo.

A justificativa mais deprimente para não delegar que eu já ouvi na vida foi esta: "Eu tentei delegar, mas não funcionou". Se as pessoas tentassem algo uma ou duas vezes na vida e desistissem, não haveria arte, nem música, nem tecnologia, nem produção, nem medicina — não haveria *nada*. Imagine um mundo sem arte, sem música — que é o mundo no qual se tenta alguma coisa uma ou duas vezes e então se desiste. Tudo o que existe de bom em nossa vida é resultado de ampla e exaustiva ação por tentativa e erro. Se você permite que um ou dois fracassos o impeçam de implementar uma solução importante de produtividade, então tem problemas maiores do que uma lista de tarefas fora de controle.

Eu sei que pode ser duro abandonar tarefas que você controla pessoalmente há muito tempo. Mas é possível fazer isso se você quiser comprar de volta o seu tempo, e os resultados compensam o esforço. Preste bastante atenção aos três segredos dos mestres delegadores que eu revelo neste capítulo. O primeiro é a Hierarquia da Delegação;

Nessas situações, o principal recurso que falta é criatividade, não dinheiro.

ela lhe proporcionará uma imagem clara das atividades que realmente merecem o seu tempo e a sua energia – e das que não merecem.

A Hierarquia da Delegação

Para descobrir essas tarefas essenciais que somente você pode fazer, filtre as suas tarefas restantes através da sua Bússola da Liberdade. Percorrendo cada uma das quatro zonas em ordem inversa, você verá exatamente quais tarefas precisam ser delegadas em sua lista, e com que urgência precisa encontrar uma solução para cada uma. Eu chamo esse processo de Hierarquia da Delegação, e nós começaremos com as tarefas que você provavelmente mais odeia fazer.

Prioridade 1: Zona do Trabalho Enfadonho. Você deve se lembrar de que a Zona do Trabalho Enfadonho se constitui de tarefas pelas quais você não tem paixão e nas quais não é hábil. Felizmente, você eliminou ou automatizou a maioria das tarefas dessa zona. Todas as tarefas deixadas aqui são excelentes candidatas à delegação – e é importante transferir essas atividades o mais rápido possível.

Quando estiver examinando opções para delegar em sua Zona do Trabalho Enfadonho, não se sinta culpado por repassar para outra pessoa os serviços que mais detesta. Como vimos no capítulo 2, só porque você odeia fazer determinada coisa não significa que *todos* odeiem também. Na verdade, a Zona do Desejo de outra pessoa pode ser inteiramente composta de tarefas que estão na sua Zona do Trabalho Enfadonho. Considere o trabalho doméstico, por exemplo. Talvez você não goste de fazer faxina na casa e de dobrar a roupa, mas essas coisas podem figurar no topo da Zona do Desejo de outro alguém. O mesmo ocorre com contabilidade, ou planejamento, ou marketing, ou qualquer outra coisa.

No capítulo 1, apresentei o meu cliente de coaching Matt. Sua vida profissional e pessoal foi transformada quando ele parou de perguntar *Posso fazer esse trabalho de modo mais fácil, rápido e barato?* e passou a perguntar *Devo mesmo fazer esse trabalho, afinal?* Delegar tarefas da Zona do Trabalho Enfadonho foi um obstáculo para ele. "Bem, eu tenho que fazer isso, não tenho escolha", dizia ele. "Por que eu iria querer transferir esse serviço se não gosto de executá-lo?". Parecia arrogante ou rude encarregar alguém de um trabalho que ele não gostava de fazer. O que mudou? "Eu descobri que a minha Zona do Trabalho Enfadonho não é a Zona do Trabalho Enfadonho de outra pessoa. Quando retenho um serviço que poderia ser repassado para outra pessoa, na verdade eu

tiro dessa pessoa a oportunidade de fazer algo de que ela gosta." A verdadeira arrogância não é delegar trabalho que não nos agrada fazer; é presumir que todos gostam do que gostamos, ou não gostam do que não gostamos.

Meu outro cliente de coaching, Caleb, descobriu algo parecido. "Um receio marcante que eu tinha era terceirizar muitas das tarefas de sistema de suporte executivo, tais como responder ao consumidor", disse-me ele. "A ideia de transferir algumas dessas tarefas me deixava estressado". Então ele começou a ver em nossas sessões de coaching outros clientes que tiveram sucesso com a delegação. Isso lhe deu confiança para tentar fazer o mesmo por conta própria. "Identificar de maneira clara as atividades para as quais me faltam paixão e perícia deu-me a confiança necessária para contratar uma equipe de apoio executivo. Várias atividades da minha Zona do Trabalho Enfadonho que não me proporcionavam energia nenhuma são coisas que dão aos integrantes dessa equipe muita energia, e eles se superam nessas tarefas de um modo que eu jamais conseguiria. Depois que entreguei essas tarefas a eles eu consegui aumentar o meu tempo de dedicação às atividades da Zona do Desejo de trinta por cento para cerca de setenta por cento, o que trouxe ao nosso negócio muito mais energia e foco, e na verdade são as atividades de maior força."

Ao entregar as suas tarefas da Zona do Trabalho Enfadonho para alguém que adore executá-las, você pode ganhar horas diariamente para focar coisas que de fato importam para você. Além do mais, livrar-se de coisas que odeia fazer lhe dará uma injeção de energia, que você poderá direcionar para as suas atividades da Zona do Desejo.

Prioridade 2: Zona do Desinteresse. O próximo alvo para delegação é qualquer coisa que ainda se encontre na sua Zona do Desinteresse. Só porque você é bom em alguma coisa não significa que deva fazer essa coisa. Continuar realizando tarefas pelas quais não sente entusiasmo é sugar a energia das coisas pelas quais você sente entusiasmo.

Eu sei como fazer a contabilidade básica do meu negócio, e fiz isso eu mesmo com competência durante anos. Porém eu odiava fazer esse trabalho e sempre o adiava. Quando contratei um diretor financeiro que adorava lidar com contabilidade, eu ganhei um novo intervalo de tempo para as minhas atividades da Zona do Desejo. Esse é sempre o objetivo. Desse modo, se você estiver entediado com uma tarefa que não pôde eliminar nem automatizar, delegue-a, mesmo que você a desempenhe bem. Isso não é tão urgente quanto uma tarefa da Zona do Trabalho Enfadonho, mas não adie essa providência por muito tempo. Todo esse tédio acabará causando esgotamento.

Prioridade 3: Zona da Distração. As tarefas que permanecem em sua Zona da Distração depois da eliminação e da automatização podem ser um pouco difíceis. Você pode estar mais inclinado a prosseguir com essas tarefas porque gosta delas, mas ao mesmo tempo não quer desperdiçar tempo nem dinheiro realizando tarefas menos significativas quando um profissional mais hábil poderia executar o trabalho dez vezes melhor.

Eu gosto de me entreter com web design, mas as minhas habilidades nesse campo não chegam nem perto do que seria necessário para administrar o website da minha empresa. Se eu mesmo tentasse gerenciar o nosso website simplesmente porque gosto de fazer isso, eu desperdiçaria uma enorme quantidade de tempo e o website travaria todo santo dia. Assim sendo, por mais que essa ação possa doer, eu o aconselho com veemência a inspecionar as atividades da sua Zona da Distração. Avalie com cuidado cada tarefa perguntando a si mesmo: *Até que ponto isso me causa entusiasmo? Vale a pena alojar essa tarefa em minha Zona do Desenvolvimento para ver se consigo aprimorar minhas habilidades o bastante para transferi-la para a minha Zona do Desejo?* Se a resposta for não, delegue-a.

Prioridade 4: Zona do Desejo. Depois de eliminar, automatizar e delegar tudo o que você pôde das suas Zonas do Trabalho Enfadonho, do Desinteresse e da Distração, você verá o seu mundo se abrir. Isso não acontecerá do dia para a noite, mas esse é o objetivo – passar a maior parte do seu tempo focado nas atividades da sua Zona do Desejo. Existe apenas um motivo para delegar algo na Zona do Desejo: se nessa zona ainda houver mais tarefas do que você pode realizar satisfatoriamente. Você pode não acreditar, mas é possível estar em sua Zona do Desejo e ainda assim se matar de trabalhar. Sem dúvida é uma verdadeira tentação para empreendedores de sucesso. Se você alcançou esse patamar, deve examinar cada tarefa e tentar descobrir quais delas o atraem mais, e em quais delas é mais habilidoso. Isso pode obrigá-lo a fazer algumas escolhas difíceis, pois diz respeito a delegar tarefas que adora fazer. Ou, na melhor das hipóteses, você pode buscar meios de delegar partes dessas tarefas, mantendo assim com você apenas as partes de que mais gosta e que executa muito bem.

Agora você sabe *o que* delegar. Mas é preciso mais para dominar a habilidade de delegar. O próximo passo é aprender *como* delegar.

O processo de delegação

Embora a delegação seja uma parte essencial da liderança e crucial para um estilo de vida produtivo, eu já vi tentativas de delegar fracassarem

PASSO 2 — CORTAR

inúmeras vezes. A maioria dos líderes pode supor que sabe como delegar, mas quando eles tentam transferir um projeto ou uma tarefa a outra pessoa tudo vai por água abaixo. Esses fracassos não apenas pioram a situação deles como também geralmente os deixam menos dispostos a tentar delegar novamente no futuro. Essa relutância os leva a acumular em suas próprias mãos responsabilidades além da conta, o que acaba por reduzir a sua produtividade e a sua satisfação. No final, o esforçado líder se vê com uma lista impossível de responsabilidades nas mãos e pouca esperança de que apareça alguém que possa ajudá-lo a fazer o que tem de ser feito. Isso lhe soa familiar?

Em situações como essa é fácil culpar o funcionário, ou pior, supor que a delegação é um ato totalmente impossível. A dura realidade, entretanto, é que a culpa acaba sendo, na verdade, do líder – porque o líder não sabe como delegar devidamente. Muitos pensam que delegar é apenas questão de entregar a alguém uma tarefa e algumas instruções, e depois ficar com as recompensas dos esforços de outra pessoa. Não costuma ser assim. A delegação é um processo, e requer que você invista o seu tempo. A sua meta é desenvolver membros de equipe entusiasmados e habilidosos, nos quais você possa confiar para a execução das mais delicadas tarefas; e isso acontecerá somente quando você os guiar através de um processo de construção de confiança e de habilidade. Se guiar um membro da equipe através dos sete passos apresentados a seguir, você não apenas se verá cercado de funcionários competentes como também descobrirá um potencial de liderança não aproveitado ao seu redor.

Primeiro, *decida o que delegar*. A Hierarquia da Delegação mostra a você exatamente quais tarefas precisam ser delegadas, e em que ordem. Comece com tarefas da sua Zona do Trabalho Enfadonho, e então passe para as tarefas que se encontram em suas Zonas do Desinteresse e da Distração, respectivamente. Se não tiver tempo para fazer todas as tarefas da sua Zona do Desejo, busque maneiras de reduzir essa lista ou pelo menos de delegar partes dessas tarefas a outros. Esse passo pode parecer óbvio, mas esse é o ponto de partida. Você nunca controlará *como fazer* se não começar identificando *o que fazer*.

Segundo, *selecione a melhor pessoa*. A Bússola da Liberdade não funciona apenas para você; ela funciona para a sua equipe. Você não é a única pessoa que trabalha melhor na Zona do Desejo; todas as outras pessoas precisam ficar nessa zona o máximo possível também. Quando transferir uma tarefa para outra pessoa, procure encontrar alguém com paixão e destreza para realizar a tarefa que está transferindo. Se você estiver entregando o controle das contas da sua mídia social, por exemplo, não escolha alguém que acha que mídia social é perda de tempo, ou que nunca teve uma conta no

Facebook, no Twitter ou no Instagram. Uma pessoa assim não saberia como maximizar o alcance da sua mídia social, e não faria um bom trabalho. Essa é a receita para uma delegação desastrosa. Para se tornar um líder delegador, é preciso desenvolver paciência e concentração para unir a tarefa à pessoa. Quando fizer isso, prepare-se para saborear um sucesso inacreditável.

Terceiro, *comunique o fluxo de trabalho*. Uma vez que a melhor pessoa é identificada, é hora de mostrar a ela como fazer o trabalho. O trabalho que você fez no capítulo 5 documentando fluxos de trabalho pode render frutos aqui. Automatizar o seu processo criando um fluxo de trabalho documentado torna a delegação fácil e rápida. Você só precisa entregar o fluxo de trabalho, mostrar à pessoa como usá-lo e deixar que o sistema faça o resto. Dito isso, não se preocupe se você não tiver um fluxo de trabalho preparado. Algumas tarefas não servem para fluxos de trabalho documentados. Outras podem não ser a sua especialidade, o que faz de você um candidato ruim para identificar todos os passos necessários para que o trabalho seja executado. Nesses casos, você precisa apenas falar sobre o que necessita que seja feito e sobre os resultados que gostaria de ver. Dependendo da pessoa que escolher e da complexidade da tarefa, você pode decidir deixar que ela tente se encarregar dessa tarefa por conta própria ou que ela mesma documente o fluxo de trabalho. Outras vezes você pode ter de orientá-la uma ou duas vezes enquanto ela aprende a fazer o trabalho. Em qualquer um dos casos, antes de avançar para o próximo passo, certifique-se de que você comunicou de maneira clara o resultado que precisa que ela obtenha.

Quarto, *forneça os recursos necessários*. Nesse passo, você garante que a pessoa que está realizando o serviço tenha tudo de que precisa para seguir adiante e ter êxito. Isso pode significar o fornecimento de recursos físicos, tais como um arquivo, ferramentas específicas para o trabalho e assim por diante. E pode significar o fornecimento de recursos intelectuais, como informações de login ou um software de que a pessoa necessitará. É provável que você também precise fornecer autorização para que um e-mail seja enviado a outros membros da equipe ou departamentos envolvidos, a fim de que eles saibam que essa pessoa atuará em seu nome. Trata-se apenas de detalhes desagradáveis que emperram muitos esforços de delegação. Pense com cuidado em cada passo do processo, e assegure-se de que você entregou tudo o que o funcionário precisa para ter sucesso na empreitada.

Quinto, *especifique o nível de delegação*. Antes de permitir que alguém assuma a responsabilidade por uma tarefa ou projeto, você precisa comunicar as suas expectativas. Isso vai além de simplesmente transmitir as instruções

táticas passo a passo; isso inclui deixar claro o nível de autoridade que você está dando à pessoa. Você deseja que essa pessoa apenas conduza uma pesquisa e comunique os seus achados? Você deseja que essa pessoa lidere todo o projeto até o término sem contatá-lo? Cada cenário exige um nível diferente de delegação, e não informar com clareza quanta autoridade você está transmitindo pode gerar caos e ressentimento em ambos os lados. O desacordo de expectativas pode atrapalhar até mesmo o mais habilidoso delegador, por isso nós trataremos desse assunto longamente um pouco mais à frente.

Sexto, *dê à pessoa espaço para trabalhar*. Uma vez que a pessoa sabe o que precisa executar, tem tudo de que necessita para realizar o trabalho e compreende exatamente quanta autoridade você lhe conferiu para agir, você está pronto para entregar-lhe as chaves e permitir que assuma o projeto ou a tarefa. É nesse ponto que a delegação sucumbe para um número surpreendente de pessoas. Deveria ser óbvio que delegar exige que nos afastemos e deixemos outra pessoa assumir; porém, isso pode ser difícil para nós. Às vezes nós simplesmente não conseguimos alcançar a condição emocional que nos permite sair do caminho da outra pessoa. Certa vez, eu tive um chefe adepto do microgerenciamento que tornou a minha vida terrível. Ele não saía de perto de mim, questionava todas as minhas ações e contestava todas as decisões que eu tomava. Não se pode esperar que alguém consiga trabalhar bem sob tais condições. Se você escolheu um membro de equipe competente e o preparou de modo apropriado para a tarefa, ele será capaz de realizá-la. Mantenha distância e deixe-o fazer o trabalho.

Sétimo, *faça verificações e forneça feedbacks quando necessário*. Embora não queira praticar a microgestão, é um engano pensar que você está completamente fora do processo depois de entregar a tarefa a outra pessoa. Delegar não é abdicar. O resultado ainda é responsabilidade sua, mesmo que tenha terceirizado o trabalho. Você precisará checar periodicamente o andamento do trabalho para assegurar que as coisas estão avançando do modo que deseja. Mas devo frisar: não use isso como licença para fazer microgestão. Conceda à sua equipe a dignidade de realizar o trabalho para o qual você a contratou. Basta monitorá-los enquanto trabalham até ter certeza de que eles têm tudo sob controle.

Depois de conduzir um membro da equipe por esses sete passos, não se surpreenda se se deparar com uma torrente de trabalhos confiáveis e de qualidade. À medida que os membros da equipe se desenvolvem, você pode dar a eles cada vez mais autoridade para atuarem em seu nome; e, nesse momento, você verá de fato sua energia e sua produtividade explodirem.

Os Cinco Níveis de Delegação

Parte do Processo de Delegação que nós esboçamos acima foi especificar o nível de delegação. Esse conceito pode ser novo para você, por isso eu quero explicá-lo em detalhes. Vamos começar com um exemplo. Recentemente, eu atuei como mentor de um jovem líder que chamaremos de Tom. Tom planejava um evento especial, e ficou surpreso ao descobrir que um integrante de sua equipe havia finalizado um projeto que ele não havia autorizado. Quando conversamos, foi possível perceber que ele estava frustrado. No seu entender, o membro da equipe em questão havia passado dos limites, agindo com mais iniciativa do que Tom lhe permitira. Depois de ouvir a situação em detalhes, eu disse: "Isso não é culpa desse membro da sua equipe. O problema é que você não deixou as suas expectativas claras quando delegou essa tarefa."

Tom ficou estupefato. Ele acreditava que havia explicado tudo claramente ao seu funcionário, mas quando eu argumentei mostrando a ele o cenário que logo mostrarei a você, ele se deu conta de quanta confusão e ambiguidade permitiu à situação. Não é suficiente descrever o resultado final que você quer obter quando delega; você também precisa especificar quanta autoridade e autonomia está dando à pessoa. Se não fizer isso, será pego de surpresa por funcionários com menos iniciativa, que fazem pouco demais; e por funcionários com iniciativa demais, que exageram. Cabe a você fazê-los entender exatamente quanta corda está dando a eles; esse é o seu trabalho. Você pode fazer isso com os Cinco Níveis de Delegação.[2]

Nível 1 de Delegação. No Nível 1 de delegação, você quer que a pessoa faça exatamente o que você lhe pediu para fazer – nem mais, nem menos. Nessa situação, você diria algo como "Aqui está o que eu preciso que seja feito. Não se desvie das minhas instruções. Eu já pesquisei as opções e determinei o que preciso que você faça". O modo como você se expressa é importante nesse caso, por isso vamos por partes:

- *Aqui está o que eu preciso que seja feito.* Esse é o momento em que você diz explicitamente à pessoa o que deseja que ela faça. Ninguém pode ler a sua mente, então procure ser muito claro.

- *Não se desvie das minhas instruções.* Isso estabelece um limite sólido e deixa as suas expectativas claras.

- *Eu já pesquisei as opções e determinei o que preciso que você faça.* Isso fornece a justificativa e o contexto pelos quais você escolheu esse nível.

Esse nível é perfeito para novos contratados, iniciantes, prestadores de serviços ou assistentes virtuais, ou para qualquer outro momento em que você saiba com certeza o que tem de ser feito e somente precise de alguém para o serviço.

Nível 2 de Delegação. No Nível 2 de delegação, você quer que a pessoa examine ou pesquise algum assunto e lhe informe o que encontrou. *E nada mais.* Numa situação de Nível 2, a pessoa a quem você delega a tarefa fará apenas pesquisa; ela não realizará nenhuma outra ação em seu nome. Foi nessa situação que o meu amigo Tom cometeu um erro. Ele pensou que estivesse instruindo alguém a fazer pesquisa, e ficou surpreso quando a pessoa entrou em ação e tomou atitudes. Tom poderia ter evitado a situação se tivesse dito: "Eis o que eu quero que você faça. Quero que pesquise sobre o assunto e me comunique o que encontrar. Então nós discutiremos isso, e eu tomarei uma decisão e lhe direi o que quero que faça." Mais uma vez, cada frase importa; vamos examiná-las uma a uma:

- *Eis o que eu quero que você faça.* Seja explícito. É seu trabalho se certificar de que a pessoa compreende a tarefa que está recebendo.

- *Quero que pesquise sobre o assunto e me comunique o que encontrar.* Nesse ponto, deixe claro a que tipo de pesquisa você se refere. Quer apenas que o funcionário faça uma pesquisa no Google? Quer que ele conduza uma pesquisa on-line, ligue para muitos clientes, solicite orçamentos aos vendedores? Em outras palavras, esse é o momento em que você esclarece a abrangência da pesquisa que deseja que seja feita. Clareza é fundamental aqui.

- *Então nós discutiremos isso, e eu tomarei uma decisão e lhe direi o que quero que faça.* Nesse ponto, você está definindo duas expectativas importantes. Em primeiro lugar, está comunicando à pessoa que vocês terão uma conversa para discutir os achados da pesquisa. Em segundo, você está garantindo que ela saiba que você é o único que tomará a decisão; e, com isso, impõe como limite que a pessoa não está autorizada a tomar quaisquer medidas ou decisões.

Esse é um ótimo nível para se usar sempre que você não estiver pronto para tomar uma decisão e precisar de alguém para colher informações para

você. E assim que as informações chegarem às suas mãos, você provavelmente decidirá com rapidez.

Nível 3 de Delegação. A partir do Nível 3, você dará à pessoa mais espaço para operar e participar do processo de resolução de problemas, mas ainda reservará a decisão final para si mesmo. Nesse nível você diria "Eis aqui o que eu preciso que você faça. Pesquise o assunto, resuma as opções e depois faça uma recomendação. Dê-me os prós e os contras de cada opção, mas me diga o que acha que nós devemos fazer. Se eu concordar com a sua decisão, você será autorizado a seguir em frente". Vamos por partes:

- *Aqui está o que eu preciso que você faça.* Seja explícito. Aplicam-se aqui as mesmas regras que vimos no nível anterior.

- *Pesquise o assunto, resuma as opções e depois faça uma recomendação.* Assim como no Nível 2, seja claro a respeito do nível e do tipo de pesquisa que deseja ver realizada. Porém, agora você dará mais um passo: pedirá à pessoa encarregada da tarefa que avalie as opções e escolha uma. Você quer que a pessoa tome a decisão, mas não dará a ela autoridade para implementá-la.

- *Dê-me os prós e os contras de cada opção, mas me diga o que acha que nós devemos fazer.* Aqui, você está pedindo à pessoa que mostre o seu trabalho. Em outras palavras, essa pessoa não deve esperar que você concorde com a decisão dela sem antes dar a você a chance de saber como se processa o pensamento dela. Nesse momento, ela explicará por que tomou a decisão que tomou.

- *Se eu concordar com a sua decisão você será autorizado a seguir em frente.* Nesse ponto, é trabalho da pessoa convencê-lo de que a decisão dela é a correta. Se ela não conseguir, sua pesquisa e seus argumentos terão falhado. Contudo, se ela realizar bem o trabalho, você pode e deve lhe dar a aprovação final e autorizá-la a seguir em frente.

- Essa é uma excelente opção para delegar a futuros líderes dos quais você é mentor, porque lhe dá uma oportunidade segura para avaliar as habilidades de tomada de decisão deles sem nenhum risco. E você provavelmente percebeu que esse é o nível em que começa a transferir a sua tomada de decisões. Nesse estágio, você pode tomar uma

decisão, com base em boas informações, sobre um assunto complexo em uma simples reunião. O que poderia ter lhe custado uma semana inteira, agora pode ser resolvido em uma hora.

Nível 4 de Delegação. No Nível 4, espera-se que a pessoa avalie as opções, tome uma decisão por conta própria, execute a decisão e então lhe dê uma atualização depois do ocorrido. Você diria: "Eis aqui o que eu preciso que você faça. Tome a melhor decisão que puder. Tome medidas. E depois me diga o que você fez." Às vezes você pode querer acrescentar: "Mantenha-me informado sobre o seu progresso." Nesse ponto, você está próximo de clonar a si mesmo, então o processo deve estar ficando empolgante. Vamos dividir em partes esse nível:

- *Eis o que eu preciso que você faça.* Como vimos no nível anterior.

- *Tome a melhor decisão que puder.* Você está explicitamente pedindo à pessoa que tome uma decisão, mas ela precisa colocar o trabalho em primeiro lugar. Em outras palavras, ela fará a mesma pesquisa que figura no Nível 3, mas fará isso para informar o próprio processo de tomada de decisão dela em lugar do seu.

- *Tome medidas.* Deixe claro que espera que a pessoa atue sem esperar por você. Essa é a primeira vez no processo em que você tira as mãos da direção, por isso certifique-se de que está lidando com alguém em quem pode confiar para agir em seu nome.

- *E depois me diga o que você fez.* Preciso ser claro aqui: essa não é uma oportunidade para que você questione a decisão tomada pelo funcionário. Está feito e não há volta. A razão de ser desse passo é simplesmente estabelecer uma boa comunicação e manter você informado. Isso também dá a você uma ideia da qualidade das decisões da pessoa, o que é útil para futuras delegações.

- *Mantenha-me informado sobre o seu progresso.* Essa parte é opcional, e é útil principalmente para projetos muito complexos ou que demandam tempo para serem concluídos. Você até pode ser explícito acerca do tipo de atualização que prefere, como um e-mail semanal, ou adicioná-la a uma agenda de reuniões em vigor.

Esse nível é excelente para ser usado com líderes em desenvolvimento, porque os fortalece com a experiência de tomada de decisão e dá a você

muitas oportunidades para avaliar quão bem eles estão se saindo. É também um nível proveitoso para a atribuição de tarefas que não são essenciais e cujo resultado não é grande prioridade para você, como encarregar o seu assistente de organizar e executar presentes de Natal para os seus clientes.

Nível 5 de Delegação. No Nível 5, você está efetivamente entregando todo o projeto ou tarefa para outra pessoa e se afastando totalmente da decisão. Você diria algo assim: "Eis aqui o que eu preciso que você faça. Tome a decisão que achar melhor. Não há necessidade de me informar a respeito nem de me dizer o que você fez." Agora você clonou a si mesmo. É aqui que de fato começa a ver os benefícios da delegação. Vamos analisar esse último nível:

- *Eis aqui o que eu preciso que você faça.* Como já vimos antes.

- *Tome a decisão que você achar melhor.* Como ocorreu no Nível 4, você está pedindo explicitamente à pessoa que tome a decisão após realizar a pesquisa, avaliando os prós e os contras e explorando as melhores opções.

- *Não há necessidade de me informar a respeito nem de me dizer o que você fez.* Esse é realmente o único detalhe que torna o Nível 5 diferente do Nível 4. Com essa instrução, você libera o funcionário de qualquer obrigação de mantê-lo informado sobre o trabalho, e oficialmente se coloca fora do processo.

É no Nível 5 que a mágica da delegação acontece. Esse nível é perfeito quando você tem completa confiança na pessoa a quem está delegando, ou quando se trata de uma tarefa que tem de ser realizada de qualquer modo, embora você não se importe com que modo seja. Exemplos de Nível 5 de delegação podem ser: pedir ao seu diretor de marketing que decida sobre um orçamento de publicidade para o lançamento de um novo produto, ou pedir ao seu diretor de instalações que substitua a mobília na sala de descanso da empresa.

Usar os Cinco Níveis de Delegação pode transformar o seu volume de trabalho pessoal e reduzir o seu estresse, ao mesmo tempo que dá aos integrantes da sua equipe ampla oportunidade de melhorarem o seu jogo avançando através dos diferentes níveis com você. Todos ganham nesse cenário. Eu sugiro implementar esse processo analisando os cinco níveis com toda a sua equipe e explicando de que maneira você abordará a delegação de agora em diante. Dê aos membros da sua equipe o panorama geral, e talvez até

Compre o seu tempo de volta

Quero encerrar este capítulo com algumas palavras de advertência. Como eu disse anteriormente, muitas vezes as pessoas não delegam porque acreditam que é mais rápido ou mais fácil elas mesmas fazerem o trabalho. Elas estão certas. Fazer uma tarefa simples uma vez é mais fácil que ensinar uma pessoa a fazer essa tarefa e conduzi-la através do processo e dos níveis de delegação. Mas a questão é a seguinte: em sua maioria, as tarefas não são casos isolados. Elas costumam surgir muitas vezes, sempre afastando o líder do trabalho mais importante. Por isso a delegação, embora realmente leve mais tempo no início, posteriormente economizará uma enorme quantidade do seu tempo em cada caso.

Além do mais, você provavelmente obterá resultados melhores. Mesmo que possa ocupar todas as cadeiras na empresa, isso não significa que todas sejam confortáveis para você. "Delegando e dando responsabilidade às pessoas, elas levam as coisas mais longe", disse-me o meu cliente Matt. "E elas podem fazer isso bem melhor do que eu fazia. Então eu já não preciso fazer mais essas coisas, e além disso tenho um produto melhor e entrego ao cliente um resultado final melhor."

Em decorrência disso, os negócios de Matt estão prosperando. O mesmo acontece com Caleb. Como resultado de delegar tarefas que se encontravam fora da sua Zona do Desejo, ele conseguiu impactar substancialmente a sua lucratividade. "As atividades da minha Zona do Desejo estão focadas em nossos clientes e nas maneiras pelas quais podemos impulsionar exponencialmente os seus negócios", disse ele. "Não são coisas que se pode simplesmente riscar de uma lista. Você realmente precisa ter margem de manobra e espaço para ser criativo." A delegação permitiu a Caleb não apenas servir melhor os seus clientes; permitiu-lhe também se aventurar em novas iniciativas, preservando ainda tempo para o rejuvenescimento.

O tempo é fixo, mas você pode comprar mais dele. E você simplesmente jamais será livre para focar as coisas que realmente importam – suas principais prioridades, seus relacionamentos mais significativos, seus projetos mais importantes – até aprender como e por que delegar.

Na primeira seção deste livro, você aprendeu como Parar e criar uma visão do que a sua vida poderia ser. Na segunda seção, você aprendeu como

Cortar por eliminação, automatização e delegação tudo o que não estivesse em sua Zona do Desejo. Agora é hora de colocar todas essas coisas em prática avançando para a seção final do livro, o Passo 3: Agir. Nessa seção, você aprenderá a ligar o botão da sua nova máquina de produtividade e deixá-la funcionando em segundo plano, libertando-se para enfim alcançar mais fazendo menos. Essa é a parte divertida, então elimine os exercícios deste capítulo e prepare-se para a reta final.

REALIZADOR DE VISÃO DE PROJETO

É hora de completar a planilha do Filtro de Tarefas em que você vem trabalhando nos últimos capítulos. Se ainda não fez isso, baixe a sua em FreeToFocus.com/tools. A essa altura, você já listou e classificou suas tarefas diárias e marcou quais pode eliminar e automatizar. Agora, o que pode delegar? Mesmo que não esteja pronto para transferir todas as tarefas restantes, você pode começar a ter uma visão de para onde está indo. Delegar não é fácil nem acontece naturalmente para a maioria de nós; fique atento às vozes negativas em sua cabeça, principalmente as objeções de que tratamos no início do capítulo.

Em seguida, escolha pelo menos um projeto ou tarefa para delegar hoje. Comece baixando um Realizador de Visão de Projeto em FreetoFocus.com/tools. Isso o ajudará a traduzir a sua visão de um projeto ou tarefa para o papel, a fim de que sua equipe possa vê-la claramente e executá-la com excelência. Use o Realizador de Visão de Projeto para preparar um membro da equipe para a responsabilidade, escolhendo com cuidado o Nível de Delegação apropriado, e entregue-o. Se a delegação o deixar nervoso, não se preocupe. Deixe que o processo seja uma experiência de aprendizado para você e para o membro da sua equipe.

PASSO 3

AGIR

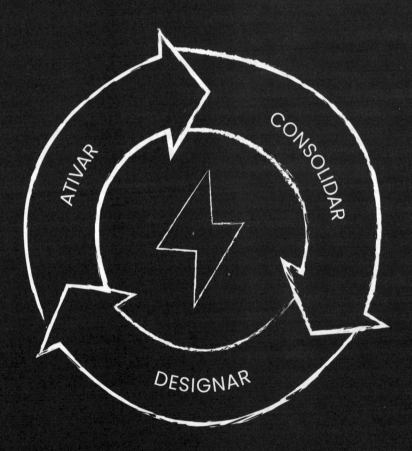

7

CONSOLIDAR

Planeje a sua Semana Ideal

Uma agenda protege contra o caos e o
capricho. É uma rede para dias de pesca.

ANNIE DILLARD

Quando submetemos nossa atenção a demandas concorrentes, às vezes nós estabelecemos um padrão de abordar duas ou mais coisas ao mesmo tempo. E por isso nos orgulhamos de nossa capacidade de lidar com várias tarefas. O problema é que o cérebro humano não é realmente multitarefa. Como diz o jornalista John Naish, o cérebro apenas "passa freneticamente de uma tarefa para outra como um equilibrista de pratos ruim".[1]

Esse tipo de troca tem um custo alto. Segundo o cientista da computação Cal Newport, quando você salta de uma tarefa para outra, "a sua atenção não acompanha essa mudança imediatamente – um *resíduo* da sua atenção permanece preso à tarefa original".[2] A troca não é um processo perfeito. O "resíduo de atenção" se acumula em nossas engrenagens mentais. Um estudo feito pela Universidade da Califórnia em Irvine constatou que

trabalhadores levavam em média vinte e cinco minutos para retomar uma tarefa depois de serem interrompidos por e-mail ou por ligação de celular.[3] Quebrando nossa concentração, a troca também reduz nossa capacidade de processamento. Quando focamos uma tarefa, nós filtramos o que é importante para que essa tarefa seja concluída. Quando nos envolvemos com mais de uma tarefa, porém, comprometemos nossa capacidade de decidir o que é relevante e o que não é. Nós começamos a desperdiçar tempo processando informação inútil, e isso nos prende a uma espiral descendente de mais trabalho e menos resultados.

Todos nós desenvolvemos estratégias de enfrentamento. Mas se você multiplicar o impacto do resíduo de atenção e da atividade irrelevante ao longo de um dia inteiro de interrupções, o custo disso se acumulará. Você já chegou ao fim de um dia frenético se perguntando o que realizou de verdade? É por isso. Nós nos mantemos ocupados, mas perdemos terreno nas poucas coisas que realmente importam.

A solução é planejar o nosso trabalho para focar apenas uma coisa de cada vez. O princípio não é nada novo. Séculos antes do surgimento dos smartphones, do e-mail e das mensagens instantâneas, Lord Chesterfield advertiu seu filho dos perigos de realizar várias tarefas ao mesmo tempo: "Haverá tempo suficiente para tudo no decorrer de um dia inteiro, se você fizer somente uma coisa de cada vez", disse ele, "mas não haverá tempo suficiente em um ano se você fizer duas coisas ao mesmo tempo".[4] Neste capítulo, nós aplicaremos a lição de Chesterfield aprendendo a consolidar atividades para manter nossa atenção onde ela deve estar: em uma coisa de cada vez. Nós faremos isso abordando Mega-Agrupamento e a sua Semana Ideal.

O poder do Mega-Agrupamento

A maioria de nós já ouviu falar de agrupamento. Trata-se do processo de agregar tarefas similares e executá-las dentro de um intervalo de tempo exclusivo. Por exemplo, você pode reservar tempo todas as manhãs e tardes para limpar todas as caixas de entrada em seu e-mail, Slack e mídia social. (Você deve se lembrar de que essas ações são parte dos meus rituais de início e de encerramento do dia de trabalho mostrados no capítulo 4.) Ou você pode evitar uma semana de relatórios ou propostas revisando tudo de uma vez. O agrupamento é uma das melhores alternativas que eu conheço para manter o foco e arrasar nas tarefas. Mas mesmo agrupadores dedicados nem sempre aproveitam tudo o que a técnica tem a oferecer.

PASSO 3 — AGIR

Vários anos atrás, eu iniciei o agrupamento em larga escala – o que chamo de Mega-Agrupamento. Comecei fazendo o meu podcast semanal. Eu costumava pesquisar e gravar um novo episódio por semana. Às vezes era difícil reunir energia mental para produzir o material. O que eu deveria ter levado uma ou duas horas para fazer às vezes me custava um dia inteiro. Mas eu encontrei a minha equipe e me preparei com antecedência, e gravei em agrupamento uma temporada inteira de programas em poucos dias. Quando me dei conta, eu estava livre do encargo semanal, e poupei uma quantidade significativa de tempo e de dinheiro.[5]

Eu descobri a mesma coisa em relação a reuniões. A agenda semanal do profissional médio parece um respingar de reuniões desordenado e irregular. Ele não tem estratégia abrangente para aceitar solicitações, o que abre espaço para que outras pessoas determinem como ele ocupará os seus dias. Mas eu não podia deixar que o acaso guiasse a minha agenda. Quando percebi que eu era o único que se importava com meu foco e minha produtividade, comecei a colocar regras em minha agenda. Hoje, com raras exceções, eu agrupo todas as minhas reuniões em dois dias por semana. Eu agendo todas as minhas reuniões internas com os integrantes da minha equipe para as segundas-feiras, e agendo minhas reuniões com clientes e vendedores externos para as sextas-feiras. Isso me permite ter três dias úteis durante a semana livres para trabalhar com foco e intensidade, sem precisar parar o que estou fazendo e sair correndo para mais uma reunião.

O Mega-Agrupamento me permite focar um único projeto ou tipo de atividade por um longo período, produzindo uma tonelada de trabalho rapidamente e com qualidade muito maior porque estou menos distraído. Nesses intervalos de tempo de grande dedicação, eu me vejo verdadeiramente livre para focar a coisa que mais importa *no momento*. Isso representa mais do que agrupar algumas coisas para fazer em uma hora de trabalho. Nós estamos falando de organizar dias inteiros em torno de atividades similares para permitir que você se mantenha focado e ganhe impulso.

Newport argumenta que nós precisamos de longos períodos ininterruptos para obtermos as melhores ideias. Isso é o que chamamos de *aprofundar-se no trabalho*. Isso lhe confere tempo suficiente para mergulhar em um projeto e permanecer nele demoradamente. Como seria se você eliminasse todas as distrações e alcançasse a liberdade para focar um tipo de atividade – ininterruptamente – por três horas, cinco horas, talvez até alguns dias a fio? O Mega-Agrupamento lhe permite fazer isso, pois coloca você no ambiente certo, onde você pode realizar o seu melhor trabalho sem ter de quebrar o

ritmo. Quando resgata esse impulso, você pode fazer o seu trabalho melhor, mais rápido e com mais satisfação do que jamais havia imaginado.

Geralmente nós realizamos melhor esse tipo de trabalho quando estamos sozinhos, por isso Jason Fried e David Heinemeier, da Basecamp, deram a esse momento de concentração o nome de "zona de apenas um".[6] Tenho visto esse modelo surgir em muitos ramos de atividade ultimamente. Por exemplo, a administração da Intel criou um programa para proporcionar aos seus funcionários grandes intervalos de "tempo de pensar".

Durante esse tempo, segundo a redatora do *Wall Street Journal* Rachel Emma Silverman, "Não se espera que os funcionários respondam a e-mails ou compareçam a reuniões, a menos que seja urgente ou que estejam trabalhando em projetos colaborativos". Ainda de acordo com Silverman, "Pelo menos um funcionário já desenvolveu uma solicitação de patente nesse intervalo de horas, enquanto outros ficaram enredados no trabalho que não conseguem fazer durante a correria dos dias úteis".[7] Ao permitirem que seus funcionários se isolem para focar tarefas importantes – mesmo que não sejam urgentes no momento –, a Intel e outras empresas colhem os benefícios do aumento da produtividade e da criatividade, e também de ideias de novos produtos.

Dito isso, é importante perceber que o trabalho colaborativo também traz retornos significativos quando é realizado com o nível de foco apropriado. O tempo colaborativo do Mega-Agrupamento permite que as equipes se mantenham envolvidas com os desafios por tempo suficiente para que os avanços de que necessitam gerem resultados. Seja como for, sozinhos ou em equipe, a mágica acontece quando focamos tarefas importantes.

Eu percebi que é muito útil dividir o tempo em três categorias amplas de atividade: Palco, Bastidores e Fora do Palco. A metáfora vem da observação de Shakespeare em *Como Gostais*:

> O mundo é um palco,
> E os homens e mulheres são meros atores;
> Eles entram e saem de cena,
> E cada um representa muitos papéis em seu tempo.[8]

O mundo *é* um palco. É onde nós representamos a história da nossa vida. Nós somos atores, entramos e saímos do palco, e cada um de nós desempenha diferentes papéis – uma dúzia de papéis diferentes em qualquer dia se não tomarmos cuidado. Vamos abordar todas essas categorias, uma por vez.

Você pode fazer o seu trabalho melhor, mais rápido e com mais satisfação do que jamais havia imaginado.

O Palco. Quando você pensa em um teatro, provavelmente imagina em primeiro lugar o palco propriamente dito. É onde a ação acontece e o drama se desenrola – pelo menos do ponto de vista da plateia. O trabalho do ator é atuar, e ele desempenha o seu papel no palco para que todos vejam. As tarefas para as quais você foi contratado e pago constituem atividades do Palco. Estou falando de funções essenciais, resultados primários, os itens de linha na sua avaliação de desempenho. Por exemplo, se você for da área de vendas, o seu Palco provavelmente será prospecção por telefone, assessoramento de clientes ou reuniões. Se for advogado, em seu Palco haverá reuniões com clientes, apelações na corte ou negociação de contratos. Se for um executivo corporativo, terá em seu Palco a apresentação de planos de marketing, a condução de reuniões de alta importância ou o lançamento da ideia para um novo produto ou serviço.

Se entregar os resultados pelos quais o seu chefe e/ou os seus clientes lhe pagam, é trabalho de Palco. Pode não ser feito em público, mas o trabalho de Palco permite que você cumpra a sua missão relacionada ao trabalho. Porém, isso só acontece quando você tem uma coincidência significativa entre as suas atividades de Palco e a sua Zona do Desejo. As funções essenciais do seu trabalho devem se harmonizar com aquilo que lhe desperta mais entusiasmo e em que você é mais hábil.

A sua agenda talvez esteja tão desequilibrada agora que você nem pode imaginar passar várias horas, dias inteiros ou até muitos dias seguidos realizando atividades de Palco. Se esse for o caso, tudo bem; leva tempo para aplicar o que aprendemos aqui. Mas não permita que essa justificativa o impeça de seguir a direção certa. A sua Bússola da Liberdade apontará o caminho. Você precisa trabalhar em benefício do seu novo destino, mesmo que o caminho ainda não esteja totalmente claro. Mais adiante neste capítulo, você encontrará algumas estratégias úteis caso se sinta confuso.

Bastidores. Nós costumamos ver o ator no palco, mas ele não faz todo o seu trabalho no palco apenas. O trabalho realizado nos bastidores lhe possibilita subir ao palco e brilhar. O público vê apenas o desempenho; ele não vê a audição inicial, as horas de pesquisas, o tempo dedicado a memorizar falas, nem os rituais que um ator prepara para produzir um bom espetáculo. Para a maioria de nós, os Bastidores incluem atividades do Passo 2 (eliminação, automatização e delegação), além de coordenação, preparação, manutenção e desenvolvimento. Vamos examinar isso mais de perto.

PASSO 3 — AGIR

Agora você conhece a importância da eliminação, da automatização e da delegação, mas quando fará isso? Leva tempo para peneirar listas e agendas, estabelecer modelos e processos e transferir projetos e tarefas. Essas atividades costumam ser importantes, mas não urgentes (veja mais sobre essa distinção no capítulo 8). Em decorrência disso, é fácil deixá-las inacabadas por semanas, meses, para sempre. Como já vimos, o tempo investido nessas atividades lhe trará uma economia de incontáveis horas a longo prazo. O melhor modo de garantir que você tenha o tempo para investir é Mega-Agrupar isso no tempo dos Bastidores. Programando tempo para eliminar, automatizar e delegar, você acabará realizando muito mais do que se tentasse espremer essas atividades.

Em seguida, o trabalho nos Bastidores inclui algum tipo de coordenação. Isso pode ser simples como realizar uma reunião com sua equipe ou delegar para planejar futuros projetos e tarefas. Algumas reuniões, como as de visão do futuro, podem ser uma atividade de Palco para você, mas nem todas elas serão. Os projetos mais importantes levam semanas, meses ou vários trimestres para serem executados. Um projeto que se encontre em andamento, por exemplo, provavelmente exigirá verificações regulares e reuniões para contabilidade, compartilhamento e trabalho colaborativo. É nesse ponto que a coordenação desliza para os Bastidores.

Também leva tempo nos Bastidores para a preparação para o trabalho no Palco. A preparação de um advogado inclui elementos como se debruçar sobre a jurisprudência ou pesquisar uma alegação inicial. Para um designer comercial, a preparação poderia ser pesquisar tendências de cores ou experimentar técnicas de letreiros para um novo logo. Para um executivo, a preparação seria estabelecer a agenda para uma reunião importante ou examinar a conta de resultado antes de uma análise financeira. Essas atividades garantem que você esteja pronto para um grande desempenho no Palco.

A manutenção é mais uma tarefa essencial dos Bastidores. Nada sabota mais a sua produtividade como sistemas que não funcionam, caixas de entrada repletas de e-mails, processos obsoletos e espaços desorganizados. A manutenção abarca tudo desde gerenciamento de e-mail até contabilidade, controle de despesas, classificação de arquivos e atualizações de ferramentas e sistemas – inclui até a limpeza do seu escritório. A desorganização nos Bastidores pode arruinar os seus melhores esforços no Palco. A manutenção permite que você dê o melhor de si quando o espetáculo começa.

Por fim, o trabalho nos Bastidores inclui tempo para desenvolvimento pessoal e da equipe – ou seja, aprender novas habilidades que irão aprimorar e otimizar os seus desempenhos. Para um empresário, isso pode envolver participar de uma oficina para aperfeiçoar a habilidade de falar em público ou desenvolver um novo sistema de registro para participantes de um webinário. Um profissional pode fazer um curso para aprimorar suas habilidades ou renovar sua licença. Isso também pode abarcar o tempo que a maioria de nós passa lendo publicações sobre nossas áreas, participando de conferências ou investindo tempo para aprender novos métodos de produtividade. É durante o desenvolvimento que nos tornamos melhores e nos preparamos para ter um desempenho melhor no Palco.

Não obstante o tempo que você dedique aos Bastidores, é importante reconhecer que as tarefas dos Bastidores são necessárias para o desempenho no Palco. Também é importante reconhecer que elas não se equiparam às tarefas da Zona do Trabalho Enfadonho, da Zona do Desinteresse e da Zona da Distração. Embora você esteja reservando tempo para eliminar, automatizar e delegar, evite a armadilha de usar esse tempo para *fazer* tarefas que devem ser eliminadas, automatizadas ou delegadas. As atividades dos Bastidores provavelmente serão menos gratificantes e estimulantes do que tarefas do Palco (por isso é útil agir de modo resoluto e reservar tempo para essas atividades). Mas essas atividades dos Bastidores não devem ser deprimentes para você. Lembre-se de que os Bastidores tornam possível o desempenho no Palco, e todas essas tarefas, sempre que surgem, devem refletir ao máximo a sua paixão e a sua capacidade. Consulte a tabela anexa para verificar possíveis exemplos de trabalho de Palco e de Bastidores por profissão.

Fora do Palco. Esse é fácil. Estar Fora do Palco diz respeito ao tempo em que você *não* está trabalhando, quando está longe do palco e focado na família, nos amigos, no relaxamento e no rejuvenescimento. Estar Fora do Palco é fundamental para restaurar a sua energia, a fim de que você tenha algo para oferecer quando voltar para o palco (capítulo 3). Faça o que for necessário para proteger o seu tempo Fora do Palco.

Um ator não vive no palco; ele trabalha no palco. Você também não pode viver em seu trabalho. É uma parte da sua vida – uma parte vitalmente importante e gratificante –, mas não é a sua vida *toda*. Equilibre o seu tempo *no* palco com um tempo pleno de qualidade *fora* dele. No próximo capítulo, eu lhe falarei mais sobre como planejar esse tempo.

PASSO 3 — AGIR

Exemplos de trabalho de palco e de bastidores

Ocupação	Palco	Bastidores
Artista comercial	Design de anúncios, edição de imagens	Faturamento, reuniões
Executivo de marketing	Captação de clientes, planejamento de campanhas	Gerenciamento de orçamentos, posicionamento de anúncios
Advogado	Reunião com clientes, mediação	Pesquisa, apresentar moções
Vendedor	Ligações de vendas, apresentações breves	Preencher a folha de despesas
Escritor	Elaboração de conteúdo, edição de conteúdo	E-mails, pesquisa
Assistente executivo	Execução de tarefas, gerenciamento de agenda	Criar modelos de e-mail ou dinâmicas de trabalho
Coach/Consultor	Trabalho com clientes, desenvolvimento de conteúdo	Faturamento, atualização do seu website
Fotógrafo	Sessões de fotos, correção de cores	Faturamento, manutenção do equipamento
Proprietário/CEO	Providenciar orientação, formação de equipe	E-mail/Slack, reuniões
Pastor	Ensino religioso, aconselhamento	Preparação da mensagem, reuniões do conselho
Contador	Reuniões com clientes, declaração de impostos	Faturamento, leitura sobre mudanças no código tributário
Personal trainer	Sessões de treinamento, acompanhamento físico	Pesquisa, propaganda
Consultor financeiro	Reuniões com clientes, preparação de relatórios para clientes	E-mails, propaganda dos seus serviços
Gerente de loja	Reuniões com a equipe, reuniões individuais, contratação	Balanço financeiro, relatórios
Palestrante	Palestras, canal no YouTube	Preparação de comunicados, networking
Empresário	Criação de novos produtos, captação de clientes	Estabelecimento de processos, manutenção web
Recrutador de executivos	Prospecção, entrevistas, networking	Criação de modelos, organização de contatos
Especialista em TI	Solução de problemas, reparos, instalações	Pesquisa, acompanhamento, relatórios
Agente imobiliário	Mostrar casas, networking	Trabalho administrativo, documentação, correspondência

Planejando sua Semana Ideal

Agora que nós compreendemos as três categorias de atividade – Palco, Bastidores e Fora do Palco –, vamos aproveitar o poder do Mega-Agrupamento com uma ferramenta chamada Semana Ideal. Essa ferramenta permite que você planeje o seu tempo da maneira como deseja usá-lo. Você provavelmente já conhece a velha frase de Dwight Eisenhower: "Planos são inúteis, mas planejamento é tudo".[9] A semana de trabalho é muito menos perigosa que o campo de batalha, mas nela há centenas de coisas operando contra a sua produtividade. Um plano pode não sobreviver ao primeiro enfrentamento com o inimigo, mas tendo realizado um planejamento você será capaz de se recuperar e se erguer novamente. Você saberá por que está lutando.

A premissa por trás da Semana Ideal é que você tem uma escolha na vida. Você pode viver intencionalmente, de acordo com um plano que traçou. Ou pode viver por acaso, respondendo às exigências de outras pessoas. A primeira abordagem é proativa; a segunda é reativa. Evidentemente você não pode planejar tudo. Há coisas que não podemos antecipar. Mas é bem mais fácil realizar o que é mais importante quando você é proativo e começa com o objetivo em mente. Para isso foi projetada a Semana Ideal. Ela é como um orçamento financeiro. A única diferença é que você planeja como gastará o seu *tempo* em vez do seu *dinheiro*. E como ocorre com um orçamento financeiro, você primeiro gasta no papel.[10]

A Semana Ideal funciona assim: Pense em uma agenda completamente vazia para cada dia da semana. A maioria dos aplicativos de agenda lhe permitirá ver uma semana de uma só vez, mostrando cada dia da semana em sete colunas, uma ao lado da outra. Em sua forma mais pura, a sua semana é uma página em branco, e você tem a mesma quantidade de tempo que qualquer outra pessoa. Como deseja usá-la?

Você pode ver como eu estruturei minha Semana Ideal no exemplo anexo. Para criar a sua própria Semana Ideal, baixe um modelo em FreeToFocus.com/tools. Você poderia até abrir o seu aplicativo de agenda e criar uma semana em branco, ou então desenhar uma numa folha de papel. Não se preocupe em fazer isso com perfeição, e não tente fazer isso juntamente com seus compromissos na agenda em vigor. Lembre-se de que estamos criando uma semana *ideal*, por isso vamos partir de um rascunho por enquanto. Nós examinaremos primeiro os estágios, os temas e então as

atividades individuais. Essa progressão lhe permitirá ter essa tela em branco para dar a ela a forma e a definição de que precisa para alcançar o seu melhor desempenho.

Estágios. O primeiro passo é agrupar as suas atividades semanais por palco. Decida para cada dia se você estará no Palco, nos Bastidores ou Fora do Palco. Para mim, segundas e sextas são horário dos Bastidores; isso é tipicamente para lidar com e-mails ou com mensagens do Slack, organizar arquivos, fazer pesquisa, aprender alguma nova habilidade ou capacidade, planejar eventos futuros ou reunir-me com minha equipe para coordenar projetos. Esses podem ser os dias de sua escolha. Pense nesses dias como o tempo que você reservará para se preparar para fazer o que foi contratado para fazer; alguns dias são mais propícios para isso que outros.

O mesmo vale para o horário do Palco, que para mim ocorre às terças, quartas e quintas. Eu reservo esses dias para fazer oficinas e webinários, gravar conteúdo de áudio ou vídeo e receber clientes, parceiros ou clientes em potencial, individualmente ou (com maior frequência) em pequenos grupos. Como empresa, nós nunca realizamos reuniões em equipe às quintas-feiras; em vez disso, mantemos esse dia em aberto para que membros da equipe possam individualmente usá-lo do modo que desejarem.

MINDSET DO FOCO · Michael Hyatt

	Estágios	Bastidores	Palco	Palco
	Horários	Segunda-feira	Terça-feira	Quarta-feira
Temas	5:00–5:30			
	5:30–6:00			
	6:00–6:30			
Eu mesmo	6:30–7:00	Ritual da manhã		
	7:00–7:30			
	7:30–8:00			
	8:00–8:30			
	8:30–9:00			
	9:00–9:30	Ritual do início do dia de trabalho		
Trabalho	9:30–10:00	Reuniões abertas e internas	Atividades de Palco	
	10:00–10:30			
	10:30–11:00			
	11:00–11:30	Reunião com a equipe de apoio		
	11:30–12:00			
	12:00–12:30	Reunião de almoço com o diretor operacional		
	12:30–1:00		Almoço	
	1:00–1:30		Soneca	
	1:30–2:00			
	2:00–2:30	Soneca	Atividades de Palco	
	2:30–3:00	Reuniões abertas e internas		
	3:00–3:30			
	3:30–4:00			
	4:00–4:30			
	4:30–5:00			
Rejuvenescimento	5:00–5:30	Ritual de encerramento do dia de trabalho		
	5:30–6:00			
	6:00–6:30	Jantar		
	6:30–7:00			
	7:00–7:30			
	7:30–8:00			
	8:00–8:30			
	8:30–9:00			

Eis aqui um exemplo da minha atual Semana Ideal para orientá-lo na elaboração da sua. Em FreeToFocus.com/tools, você encontrará mais exemplos, além de um modelo em branco da Semana Ideal para seu uso.

PASSO 3 — AGIR

Palco	Bastidores	Fora do Palco	Fora do Palco
Quinta-feira	**Sexta-feira**	**Sábado**	**Domingo**
Ritual da manhã			
Ritual do início do dia de trabalho			Igreja
Atividades de Palco	Reuniões abertas e externas		Igreja
Almoço			Almoço com meus pais
Soneca			Almoço com meus pais
Atividades de Palco	Reuniões abertas e externas		
Ritual de encerramento do dia de trabalho			
Jantar			
Noite para sair	Família	Amigos	Família

Muitos usam para o seu horário de Palco. Sejam quais forem os dias que você reservar para o horário de Palco, lembre-se de que esse é o horário para fazer o que você foi principalmente contratado para fazer – ou seja, o trabalho de alta importância que impulsiona o seu negócio, sua divisão ou o seu departamento. Se não conseguir de um a dois dias de Palco por semana, o seu desempenho sofrerá.

Quando planejar a sua Semana Ideal, você também desejará assegurar que o tempo Fora do Palco para rejuvenescimento seja estimado. Para mim, esses dias são sempre sábado e domingo. Esse horário pode abranger descanso do corpo, realizar atividades recreativas, desfrutar de longas e tranquilas refeições com a família ou amigos, ir à igreja ou cuidar dos meus relacionamentos mais importantes. É o período em que eu não trabalho. Na verdade, nessas ocasiões eu não me permito nem mesmo pensar em trabalho, falar sobre trabalho nem ler nada associado a trabalho (ver capítulo 3). Alguns profissionais têm exigências diferentes quanto ao tempo, e podem precisar trabalhar fora da semana de trabalho típica. Não há problema – desde que você programe algum horário regular Fora do Palco, de preferência dois dias por semana pelo menos. Se você estiver se perguntando como pode garantir que terá esse tempo de descanso necessário, o primeiro passo é reservar um intervalo de tempo em sua Semana Ideal.

Temas. O segundo passo é indicar que tipo de atividades você fará em dias específicos durante certos intervalos de tempo. Neste momento, não pense em atividades individuais ou tarefas; pense apenas em temas abrangentes. Um modo fácil de começar é pensar na manhã, no dia de trabalho e na noite. Eu sigo essa abordagem e utilizo três temas para o meu tempo: *eu mesmo* pela manhã, *trabalho* no meio do dia e *rejuvenescimento* à noite. Tematizar o tempo não apenas ajuda a identificar o que você quer fazer; também o ajuda a entrar no estado de espírito adequado para os vários aspectos do seu dia. Eis como eles moldam o dia para mim.

Eu mesmo. Eu programo as horas iniciais da manhã para mim mesmo. Isso inclui autoaperfeiçoamento, exercícios físicos, oração e meditação, e assim por diante. A quantidade de tempo que você se permite aqui dependerá de uma combinação de suas aspirações e de suas obrigações. Se você tiver filhos, pode ter menos tempo livre do que teria se não tivesse filhos. Independentemente disso, o que importa é empregar com intenção o tempo que você tem.

Trabalho. Eu chego ao escritório por volta de 9h da manhã, e dou o trabalho por encerrado às 6h da tarde. Descontando uma hora para o almoço e um cochilo no meio do dia, cumpro uma semana de trabalho de quarenta horas. Com as lições que abordaremos no próximo capítulo, você verá que isso é o bastante para concretizar meus principais objetivos e projetos. Quando você começará e quando terminará? Estabelecer limites em seu dia de trabalho é fundamental para a produtividade. Segundo a lei de Parkinson, o trabalho se expande preenchendo o tempo disponível; a lição para nós é que devemos limitar essa disponibilidade, sob pena de vê-la inflar no início da manhã e no final da tarde. Quando menos esperamos, nós estamos pulando o café da manhã e comendo quentinhas em nossa mesa às 7h30 da noite; e, como sabemos por meio de pesquisas a respeito de trabalho em excesso, não há compensação para essas horas extras.

Rejuvenescimento. Eu reservo as últimas horas do dia para o rejuvenescimento, o que inclui passar tempo com minha família, amigos e hobbies. Você não pode fazer o seu melhor pelo resto do dia se não reservar tempo para se reanimar.

Você pode usar a denominação que quiser, e mais de três se isso for útil. O objetivo é dar ao seu dia uma forma clara — inícios e paradas sólidos — para que você saiba o que esperar de si próprio o tempo todo. Estruturar os seus dias usando temas liberta-o para focar o que está diante de você; para estar presente para quem e o que precisa da sua atenção; para ser espontâneo, sabendo que há tempo reservado para o trabalho e o lazer; ou para não fazer nada, o que pode ser muito gratificante. O descanso e o relaxamento intencionais são a chave para um excelente desempenho.

Atividades. Uma vez identificados os estágios e os temas, é hora de agrupar as atividades específicas que entrarão nesses temas. Como eu já mencionei, segundas-feiras e sextas-feiras são os meus dias de Bastidores, também conhecidos como reuniões, reuniões, reuniões. Delimitando esses dias da semana para reuniões, posso reservar meus dias do meio da semana para atividades de Palco.

Talvez sejam necessários mais dias para completar o seu trabalho de Palco se houver mais variação. Eu descobri com meus clientes que o tempo exato e a variação são irrelevantes quando há intencionalidade no ato de agrupar tanto quanto for possível. Independentemente de lidarmos com relatórios, com ligações ou com a preparação de um conjunto de slides, o agrupamento de tarefas similares nos ajuda a maximizar o nosso impulso,

pois passamos a resolver os problemas em vez de mudar o nosso foco de uma coisa para a outra. Sempre que você troca de tarefa e recontextualiza – de reunião para ligações para e-mail para reunião – isso o retarda. Para os dias de Bastidores, indique quando você estará disponível para reuniões, quando você planeja atender a ligações, e assim por diante.

As tarefas exatas que eu realizo em meus dias de Palco (terças, quartas e quintas-feiras) mudam de semana para semana, dependendo dos projetos em andamento e de projetos isolados, mas eu sempre as agrupo da melhor maneira que posso. O segredo é evitar fazer trabalho de Bastidores durante os dias de Palco. E isso é mais difícil do que parece. A realidade é que você terá de fazer algum trabalho de Bastidores todos os dias, mesmo que o reduza a simplesmente checar o e-mail. A solução é agendar isso e se prevenir contra o excedente em seu horário de Palco.

Eu programo os meus rituais de início e de encerramento do dia de trabalho todos os dias da semana de trabalho, quer seja um dia de Palco, quer seja um dia de Bastidores. Esses rituais abarcam uma combinação de tarefas de Palco e de Bastidores, tais como checagem de e-mail e de mensagens do Slack. Agrupando essas atividades dentro de rituais e agendando-as duas ou três vezes por dia, eu posso evitar que a tarefa se arraste e fique maior. De outra maneira, eu poderia ficar tentado a checar o Slack com frequência ao longo do dia, abrindo-me para um mundo de interrupções durante as horas mais valiosas do meu dia. Os rituais de início e de encerramento do dia de trabalho são uma ótima ocasião ao longo da semana para cuidar das suas caixas de entrada, permitindo que você adiante o seu dia e resolva questões pendentes antes de dar o dia por encerrado. Se a sua equipe precisar de um feedback mais rápido, você pode programar outra checagem de caixa de entrada antes de sair para o almoço.

Quando se trata de agendamento, resista à tentação de pensar que você pode continuar sem fazer pausas. É possível, mas raramente proveitoso. Em seu livro *Rest* [Descanso], Alex Soojung-Kim Pang sugere que nosso intervalo de tempo mais produtivo todos os dias corresponderá a quatro horas, talvez cinco. Sua conclusão é baseada num estudo aprofundado de hábitos de trabalho de cientistas, artistas, escritores e músicos de destaque, e de outros profissionais, juntamente com vários estudos de pesquisa mais amplos. Como você já deve ter percebido, um intervalo de horas maior era indicativo de baixo desempenho. O motivo, como nós já sabemos, é que o tempo é fixo, mas a energia é variável. Nós só conseguimos manter a concentração por determinado tempo. As pessoas de alto desempenho que ele estudou cujas realizações e cujo impacto foram mais significativos trabalharam

em explosões de concentração com pausas para caminhada, refeições leves, socialização e até diversão intercaladas.[11]

Para medir isso, vale a pena conhecer o seu cronotipo. Em seu livro *When*, Daniel H. Pink destaca o que ele chama de "padrão oculto da vida cotidiana". Nós começamos o nosso dia com otimismo e energizados, mas tipicamente cerca de sete horas mais tarde há uma baixa em nossa energia. Para a maioria de nós, dependendo do horário em que cada um acorda, isso é bem no meio do dia de trabalho. Considere usar as horas de baixa de energia para o trabalho que exige menos foco. O momento de baixa é também perfeito para uma pausa rejuvenescedora, até mesmo um cochilo, o que pode neutralizar o abatimento.[12]

Depois de terminar o esboço da sua Semana Ideal, compartilhe-o seletivamente com membros da equipe, principalmente com o seu assistente administrativo, para que eles saibam quando e para o que você está disponível. Também pode ser útil compartilhá-lo com supervisores de apoio. Considerando que a Semana Ideal afeta mais do que o dia de trabalho, você também pode compartilhá-la com seu cônjuge ou com outras pessoas próximas de você. Explique a elas o que é a Semana Ideal, o que você espera ganhar com ela e como ela as beneficiará. Você precisará da adesão e da cooperação delas para fazer isso funcionar.

Um ritmo mais produtivo

Lord Chesterfield, que nós citamos no começo do capítulo, via a concentração determinada como a medida da inteligência de uma pessoa. "A firme e indissolúvel atenção a um objetivo é um sinal claro de um gênio superior", disse ele.[13] Eu não sei se chegaria ao ponto de afirmar que o Mega-Agrupamento e o planejamento da sua Semana Ideal o alçariam à categoria de gênio – mas seriam um ótimo começo.

Estender o seu foco a um milhão de diferentes estímulos mina a sua produtividade, sua criatividade, seu impulso e sua satisfação. A consolidação – e o foco que ela proporciona – oferece um caminho melhor. Praticando o Mega-Agrupamento e estruturando com intenção a sua semana, você pode criar o tempo e o espaço para atingir metas que de outro modo teriam parecido inalcançáveis. Não é questão de possuir o intelecto de um gênio; é simplesmente questão de foco e intencionalidade – duas forças poderosas que qualquer pessoa pode utilizar.

Tenha em mente que a sua Semana Ideal é exatamente isso – ideal. Não acontecerá todas as semanas. Na verdade, ela pode não acontecer na maioria

das semanas. A vida é cheia de emergências e eventos imprevistos, sobretudo para grandes realizadores como nós. Você precisará de um norte para fazer frente às emergências. A Semana Ideal evita que você acabe desorientado no processo; você sabe exatamente como voltar aos trilhos porque já planejou isso.

Dito isso, depois que estabelecer limites sólidos e se obrigar a permanecer dentro deles por algum tempo, será incrível constatar quão natural se torna entrar no ritmo semanal independentemente do que esteja acontecendo. Você pode pensar na sua Semana Ideal como um alvo. Você não conseguirá acertar na mosca todas as vezes, mas vai acertar na mosca com muito mais frequência, pois sabe em que está mirando. Com o passar do tempo, você será capaz de usar isso como orientação para o seu trabalho, para se tornar mais focado, presente e eficaz.

Como lidar com os obstáculos no caminho que o afastam da sua meta? A resposta está na Prévia Semanal. Nós abordaremos esse assunto no próximo capítulo, juntamente com um método simples para planejar os seus dias.

PLANEJE A SUA SEMANA IDEAL

É hora de colocar em prática o planejamento detalhado que fizemos neste capítulo. Baixe o seu modelo Semana Ideal em FreeToFocus.com/tools. Nós examinamos o processo de planejamento Semana Ideal em detalhes neste capítulo, e eu aposto que alguns leitores já começaram os seus. Se você ainda não completou o seu, não deixe de fazer um esboço da sua Semana Ideal antes de prosseguir. Esse é o esquema que você usará adiante para ter acesso a um foco sem precedentes em seu planejamento de tarefas diário e semanal.

8

ESPECIFICAR

Priorize suas tarefas

Se você não priorizar a sua vida, outra
pessoa irá priorizar.

GREG MCKEOWN

Nos Estados Unidos, a qualquer hora cinco mil aviões estão em pleno voo, totalizando mais de quarenta mil voos por dia.[1] Controladores de tráfego aéreo se encarregam de cuidar para que esses aviões cheguem quando e aonde devem chegar sem se chocarem contra aviões que estão decolando. É mais difícil do que parece. Um controlador descreveu a dificuldade de rastrear trinta aviões ao mesmo tempo. "É como jogar pingue-pongue com dez pessoas", disse ele.[2] De tempos em tempos eles se aproximam demais uns dos outros. Um piloto queixou-se ao Aviation Safety Reporting System [Sistema de Relatórios de Segurança da Aviação] da NASA: "Nós já estávamos perto da aeronave precedente, por isso tivemos de voar alto na trajetória de descida para evitar a esteira de turbulência, e eles autorizaram uma aeronave na pista que mal havia acabado de decolar antes de pousarmos."[3]

Uma habilidade essencial para a produtividade é aprender a especificar que tarefas você fará e quando fará. Se você tentar pousar todos os aviões de uma vez causará colisões no ar que arruinarão os seus esforços mais produtivos.

Os funcionários da aviação chamam isso de "perda de separação". É assustador imaginar, mas isso acontece muito raramente, e colisões são ainda mais raras. Compare esse cenário com outro ambiente movimentado – nossas listas de tarefas. Muitas vezes nós tentamos pousar uma dúzia de tarefas ao mesmo tempo, e os projetos colidem uns com os outros, invadem o espaço uns dos outros o dia inteiro. Quando nós sofremos uma "perda de separação de tarefa", acabamos ficando para trás, cometendo erros e perdendo o controle sobre o nosso tempo e a nossa atividade.

Mesmo depois que você desbasta a sua lista de tarefas na etapa de cortar, é provável que ainda tenha de enfrentar uma enorme lista de tarefas e responsabilidades. Todos nós somos ocupados, e todos nós seríamos capazes de elaborar uma lista interminável de coisas que *poderiam* ser feitas. Nós podemos até mesmo nos convencer de que elas *deveriam* ser feitas. Mas todas elas têm de ser feitas imediatamente? Tenho certeza de que a resposta é não. Você nunca precisa aterrissar todos os seus aviões de uma só vez. Só porque algo é importante não significa que seja importante neste exato momento. É claro que você não pode adiar *todas* as suas tarefas para mais tarde. O segredo é decidir de maneira sistemática o que merece a sua atenção agora, o que merece a sua atenção mais tarde e o que não merece a sua atenção de maneira

nenhuma. Neste capítulo, nós analisaremos como controlar as suas tarefas especificando as suas semanas e dias. Em outras palavras, trata-se de especificar o que vai para onde e quando vai. Nós começaremos com a semana.

Especifique a sua semana: a Prévia Semanal

Líderes e profissionais raramente têm grandes iniciativas que são realizadas em uma única semana. Pelo contrário: nós lidamos com projetos complexos que se estendem por várias semanas, ou por meses, até serem concluídos. Apesar de nos empenharmos ao máximo para manter o foco a longo prazo, é fácil permitir que a besta que há em nós se manifeste. A Economia da Distração pode sabotar você na segunda-feira, e talvez só na quinta-feira você venha a perceber o quanto está fora dos trilhos.

A boa notícia é que você pode planejar a sua semana para manter a visibilidade das suas principais tarefas e avaliar o seu progresso à medida que avança. O segredo é fragmentar as suas principais metas e iniciativas em próximos passos controláveis. Depois você pode mapear esses próximos passos em sua semana identificando três resultados que tem de alcançar para fazer o progresso que deseja. Esses são os resultados cruciais que movem a bola pelo campo, conduzindo-a até que chegue ao gol. Em meu livro *Your Best Year Ever* [O melhor ano da sua vida], eu abordo parte desse processo no que diz respeito a metas. Agora é hora de abordá-lo em detalhes.

A Prévia Semanal consiste em seis passos que lhe possibilitarão monitorar todas as tarefas que zunem voando sobre a sua cabeça, e estabelecer um senso de controle sobre o seu tempo. Você pode concluir esses passos quando quiser, mas é fundamental que faça isso. Os melhores horários a meu ver são sexta-feira à tarde, quando você termina a semana de trabalho; domingo à noite, antes do início de uma nova semana de trabalho; ou segunda pela manhã, assim que a semana se inicia. Eu prefiro o domingo à noite – além das emergências que ocasionalmente surgem, é a única exceção que faço à minha prática de rejuvenescimento baseada em desconectar-se, mencionada nos capítulos 3 e 7. Escolha o que funcionar melhor para você. Não se esqueça de programar isso como um compromisso recorrente em sua agenda, e de honrar esse compromisso que firmou consigo mesmo. Agende trinta minutos no início. Depois que se habituar, você se dará conta de que pode dar cabo disso em dez ou quinze minutos. É apenas questão de personalidade e da natureza do trabalho de cada um.

Esse processo é uma oportunidade para manter a sua mente afastada do caos ("pingue-pongue com dez pessoas") e alinhar as suas tarefas e itens de ação para que se encaixem melhor em seu horário e em suas responsabilidades. Esse é o segredo para que você se mantenha no controle de suas tarefas e projetos. O resultado de uma semana vitoriosa é saber que você fez tudo o que estava ao seu alcance para manter o controle sobre a sua semana, para avançar em suas metas e projetos mais importantes e para deixar os seus colegas, clientes, família e a si mesmo contentes com os seus resultados. A sua Prévia Semanal deve deixar claro quão bem você atingiu essas marcas, e isso também irá assegurar que você melhore o seu jogo na semana seguinte. Agora vamos analisar em detalhes os seis passos.

Passo 1: Liste as suas maiores vitórias. A primeira coisa que você fará em sua Prévia Semanal é reservar um momento para refletir sobre as suas maiores vitórias da semana anterior. Liste as suas principais realizações, as coisas das quais você mais se orgulha e que tiveram maior impacto em sua vida e em seu trabalho. Coloque intenção aqui, mesmo que você não se sinta à vontade no início. Profissionais de alto desempenho focam muito frequentemente suas deficiências – o que eles *deixaram de* realizar – em vez de focarem suas vitórias. Esse foco mal direcionado pode destruir a sua confiança. Por outro lado, focar as vitórias gera sentimentos de gratidão, excitação e eficiência pessoal e o prepara para enfrentar grandes coisas na próxima semana.

Passo 2: Faça uma revisão da semana anterior. Trata-se de uma pequena Revisão Pós-Ação. Recapitule cuidadosamente a semana anterior, a fim de se lembrar das lições que aprendeu e de ajustes que você deve fazer para obter melhoramentos num futuro próximo. Seu objetivo é responder a três perguntas principais. A primeira: *Até que ponto você resolveu as suas tarefas mais importantes da semana passada?* (Aqui eu falo especificamente das suas 3 Maiores da Semana – voltarei a esse tópico em um instante.) Essa é a sua chance para uma autorreflexão honesta. Avalie o seu avanço em suas iniciativas mais significativas na semana de trabalho anterior. Você deu cabo das suas tarefas totalmente? Ainda resta trabalho a fazer? (A propósito, mesmo que tenha deixado a desejar, você quer dar a si mesmo crédito parcial pelo progresso que fez. Profissionais de alto desempenho podem ser duros consigo quando não realizam tudo o que decidiram realizar, e roubam de si mesmos a alegria pelos ganhos que obtiveram.) É importante responder a essa pergunta porque ela está associada à próxima pergunta.

A segunda pergunta: *O que deu certo e o que não deu?* Houve interrupções ou distrações com as quais você não contava? Quais foram elas? O que as causou? Você poderia tê-las evitado? E quanto ao seu plano? Foi bom? Você programou bem o seu tempo? O objetivo aqui é observar quais estratégias ou táticas foram eficazes, e então identificar o que houve de errado com o seu comportamento ou planejamento para que você possa aprimorar o seu desempenho na próxima semana.

Terceira e última pergunta: *Com base no que você acabou de identificar, o que você manteria, melhoraria, começaria ou pararia de fazer?* Esse é o momento em que você transforma o seu aprendizado numa lição prática. É também o momento em que dá a si mesmo a oportunidade de um desenvolvimento genuíno. Como você ajustará o seu comportamento ou o seu planejamento daqui por diante? As pessoas que conseguem aprender com as suas experiências e usam essas lições para operarem mudanças positivas em seu comportamento avançam com rapidez. Poucas pessoas têm tempo para fazer isso, portanto isso pode levá-lo a se destacar da multidão.

Passo 3: Faça uma revisão das suas listas e anotações. As nossas listas de tarefas e anotações diárias podem crescer como ervas daninhas no curso de uma semana. É importante submetê-las a uma rápida revisão para que não saiam de controle. Eu recomendo começar com as suas tarefas adiadas. São tarefas que você intencionalmente decidiu que aterrissaria posteriormente. Se você utiliza uma ferramenta de gerenciamento de projetos, pode consultá-la para atualização de status e planejamento futuro. A título de observação, eu também o aconselho a manter suas listas de tarefas em um lugar (dois lugares, no máximo): por exemplo, uma solução digital como Nozbe ou Todoist, a sua agenda ou uma agenda de papel. Agrupar as suas listas tornará mais fácil manter o controle sobre os itens. Manter as tarefas e notas em vários lugares causará confusão.

Em seguida, reexamine as tarefas delegadas. São tarefas que você destinou a outras pessoas. Isso lhe dá a oportunidade de recolocar esses projetos no seu radar e, se necessário, acompanhar as pessoas que trabalham nesses itens.

Examine agora as suas anotações da semana. Podem ser comentários breves sobre o seu dia, observações feitas em reuniões, ideias para o futuro ou outros insights que você teve ao longo da semana relacionados ao trabalho que está realizando.

As pessoas que conseguem aprender com as suas experiências e usam essas lições para operarem mudanças positivas em seu comportamento avançam com rapidez.

PASSO 3 — AGIR

Haverá preciosidades nessas linhas, e você não quer perder nenhuma boa ideia nem esquecer nenhuma tarefa. Para se proteger ainda mais do risco de esquecer tarefas, use o seu tempo de reexame para aplicar uma das quatro ações que se seguem:

1. *Elimine.* Se uma tarefa não for mais relevante, corte-a.

2. *Agende.* Se você quiser cuidar de algo mais tarde, registre isso em sua agenda. Agrupe tarefas similares o máximo possível, de acordo com a sua Semana Ideal.

3. *Priorize.* Se você sabe que deseja lidar com uma tarefa essa semana, mas é indiferente para você determinar quando fará isso, priorize-a. Acrescente essa tarefa à sua lista de tarefas prioritárias da semana, que eu chamo de suas 3 Maiores da Semana (aguente firme, os detalhes já virão).

4. *Adie.* Se for uma tarefa que você ainda quer fazer, mas não tem tempo essa semana, você pode simplesmente deixá-la na lista. Mantenha-a em segundo plano e volte a considerá-la em sua próxima revisão.

Passo 4: Checar metas, projetos, eventos, reuniões e prazos. Um dos principais motivos que levam os profissionais a falharem em suas metas e projetos mais importantes é que elas perdem a visibilidade. A confusão frenética do trabalho diário pode desviar nossa atenção até das tarefas e projetos mais importantes. Eu mencionei anteriormente a minha cliente Rene. Ela enfrentou esse desafio. "Chega a ser engraçado, porque eu estou no ramo da aviação", disse ela, "e quando você está no ramo da aviação o seu pensamento se encontra numa altitude de 30 mil, 40 mil, ou até 50 mil pés." Infelizmente, Rene passava grande parte de seus dias e semanas em modo reativo. "Eu costumava ficar presa nas ervas daninhas o tempo todo. Estava colada ao chão."

O processo de Prévia Semanal lhe permite corrigir esse problema. O que está em questão é elevar as suas perspectivas com relação ao seu trabalho. Reveja as metas que você está perseguindo e reconecte-se com as suas principais motivações. É igualmente importante que você reserve um momento para identificar passos que possa dar na próxima semana para alcançar a sua meta. Use esse tempo também para reexaminar projetos essenciais e entregáveis, e para identificar que tarefas você *deve* fazer e o que você *pode* fazer para concluí-las.

151

Agora é hora de checar a sua agenda da próxima semana (ou das próximas semanas, dependendo do que estiver esperando). Essa é uma grande oportunidade para saber se você precisa fazer alguma preparação, delegar alguma tarefa ou amarrar pontas soltas antes que a nova semana se inicie. Liste eventos iminentes e prazos pendentes por data para que você possa ordenar seu trabalho. Você não pode pousar dois aviões na mesma pista ao mesmo tempo. Também é importante checar as suas próximas reuniões; se precisar reagendar ou cancelar, quanto mais aviso você fornecer melhor será.

Passo 5: Especifique as suas 3 Maiores da Semana. Depois de rever todas as suas metas, projetos, prazos e o restante, é hora de ser proativo e estabelecer as suas 3 Maiores da Semana. Eu defino as suas 3 Maiores da Semana como as três coisas mais importantes que você precisa realizar na semana que se iniciará para continuar avançando nas suas metas e projetos mais importantes.[4] Tenho certeza de que você tem mais tarefas do que é capaz de executar em uma semana, mas maratonas são concluídas dando-se um passo de cada vez.

Mas, afinal, como você decidirá que tarefas incluir nas suas 3 Maiores da Semana? Um filtro útil é a Matriz de Priorização de Eisenhower comprovada pelo tempo, popularizada por Stephen Covey.[5] Trata-se de uma grade simples dividida em quatro quadrantes, na qual o eixo horizontal corresponde à urgência e o vertical, à importância.

O Quadrante 1 indica tarefas que são importantes e urgentes. Elas devem ser as primeiras a serem consideradas na distribuição do seu tempo, e merecem ter prioridade sobre todas as outras. Quero observar também que *importante* e *urgente* significam que essas coisas são pessoalmente importantes e urgentes para *você*. Muitas vezes nós somos arrastados para tarefas que são importantes e urgentes para outras pessoas, mas não necessariamente para nós. Considere as suas metas trimestrais. Quanto tempo ainda lhe resta? E quanto aos seus prazos principais para projetos importantes? Os itens do Quadrante 1 devem ser os protagonistas em suas 3 Maiores da Semana.

PASSO 3 — AGIR

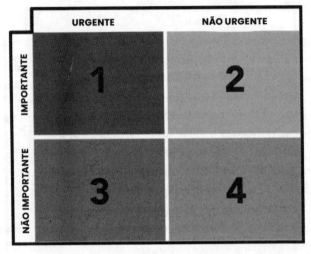

Quando planejar seu dia, dê prioridade às tarefas dos Quadrantes 1 e 2, resolva rapidamente as tarefas do Quadrante 3 (você pode delegar algumas dessas tarefas?), e elimine todas as tarefas do Quadrante 4.

O Quadrante 2 reúne tarefas que são importantes, mas não urgentes no momento. Você pode adiar essas tarefas sem dificuldade, mas atenção! Por não serem urgentes, as tarefas do Quadrante 2 são frequentemente negligenciadas. Até que os aviões no ar ficam sem combustível, e nós provocamos uma emergência ou perdemos uma oportunidade – ou ambas as coisas. Quando identificar uma tarefa de Quadrante 2, planeje também cuidar dela em breve.

O Quadrante 3 reúne tarefas que têm urgência e são importantes para outras pessoas, mas não necessariamente para você. Muitos de nós acabam se complicando nessas tarefas. Se você não tomar cuidado, acabará permitindo que as prioridades de outras pessoas suplantem as suas próprias, sabotando a sua própria produtividade e interrompendo o avanço das suas principais metas e projetos. Avalie, caso a caso, os itens do Quadrante 3. Faça a si mesmo essas três perguntas fundamentais:

1. Se disser sim, você colocará em risco um item dos Quadrantes 1 ou 2?
2. Que troca você está disposto a fazer para acomodar essa nova solicitação do Quadrante 3? Em outras palavras, a que você terá de dizer não para poder dizer sim a essa solicitação?

3. Se concordar, você acabará ressentido por sua participação ou com a outra pessoa?

Se você reexaminar essas perguntas e ainda assim sentir que é uma boa ideia conceder espaço em sua lista a outras pessoas, vá em frente. Contudo, fique atento para não confundir urgência com importância.

O Quadrante 4 indica tarefas que não são nem urgentes nem importantes para você. Os itens do Quadrante 4 jamais deveriam ter chegado às nossas agendas e listas de tarefas. Mas eles chegaram, não é? Eu acredito que isso geralmente se deve a um dos três seguintes fatores: em primeiro lugar, *confusão*. Nós simplesmente não paramos para avaliar a atividade ou a tarefa. Nós saltamos nela sem pensar, e acabamos caindo numa armadilha. Em segundo lugar, *culpa*. Nós nos sentimos como se devêssemos fazer isso, mesmo sabendo que não é nossa responsabilidade. Nós deixamos que a culpa anule o nosso discernimento. Por fim, o *medo de sair perdendo*. Nós temos medo de dizer não a novas oportunidades – façam elas sentido em nosso mundo ou não.

Quando especificar as suas 3 Maiores da Semana, não deixe que as prioridades de outras pessoas excluam as suas próprias prioridades. Se você realmente quer ser livre para focar, precisa definir o objetivo de dedicar noventa e cinco por cento do seu tempo às atividades dos Quadrantes 1 e 2. Isso pode lhe parecer impossível agora, mas não é. Quando estiver preparando a sua lista, pergunte:

- Isso é *importante* (para mim)?

- Isso é *urgente* (para mim)?

As respostas a essas duas pequenas perguntas erguerão a estrutura para que você organize as suas prioridades e, por fim, assegure a sua liberdade. Isso fez uma enorme diferença para Rene. "Minha vida era conduzida pela minha caixa de entrada de e-mail, não por minhas metas. Isso me fazia sentir confusa, e eu chegava ao final do dia como se não tivesse realizado nada", disse ela. "Para uma proprietária de empresa é um pouco embaraçoso dizer isso, mas eu costumava acordar pela manhã sem vontade de ir para o trabalho. Porém, *Free to Focus* me permitiu selecionar as minhas tarefas mais importantes e cumpri-las, deixando-me tempo suficiente para realizar coisas que acredito que fazem a diferença no mundo que me cerca."

Passo 6: Planeje o seu rejuvenescimento. No capítulo 3, nós tratamos desse assunto detalhadamente, e voltamos a mencioná-lo no capítulo 7, quando abordamos a sua Semana Ideal. A Prévia Semanal é a hora da verdade. Lembra-se das sete práticas do rejuvenescimento – comer, dormir, exercitar-se, conectar-se, divertir-se, refletir e desconectar-se? Reserve tempo aqui para agendá-las em suas noites e fins de semana, ou em qualquer horário que você reserve para o rejuvenescimento. Se para você isso é difícil, como acontece com muitos profissionais de alto desempenho, você pode querer ver estes lembretes associados a cada uma das sete práticas:

Dormir	Quantas horas de sono você quer ter todas as noites? A que horas você precisará ir para a cama para garantir que isso aconteça? Que tal um cochilo?
Comer	Há restaurantes que você gostaria de visitar ou refeições que gostaria de preparar? (Você pode combinar isso com uma atividade de conexão.)
Exercitar-se	Quer se exercitar no seu tempo livre? Quer tentar algo diferente da sua rotina normal de exercícios?
Conectar-se	Quem você quer ter em sua companhia durante o seu tempo livre? Como é o tempo de qualidade? Que atividades poderia realizar na companhia de outras pessoas para fortalecer a sua conexão?
Divertir-se	Como você gostaria de se divertir no seu tempo livre? Há hobbies aos quais gostaria de se dedicar, jogos que gostaria de jogar ou filmes que gostaria de ver?
Refletir	Como você rejuvenescerá a sua mente e o seu coração? Lendo um livro? Escrevendo em seu diário? Saindo para uma caminhada? Participando de uma cerimônia religiosa?
Desconectar-se	Que passos você daria para ter certeza de que se desligou de fato? Por exemplo, deixar o seu celular em uma gaveta; desconectar-se de aplicativos de trabalho; não pensar, não falar nem ler sobre trabalho.

É bastante fácil desviar-se do tempo Fora do Palco sem um planejamento, mas o que é agendado é feito – inclusive o rejuvenescimento. No início da sua jornada, a produtividade para o meu cliente Matt significava fazer mais em menos tempo. Usando a Bússola da Liberdade e métodos como a delegação, ele finalmente conseguiu desfrutar do tempo Fora do Palco com perfeição. "Eu ia para o escritório praticamente toda manhã às 6h00 e trabalhava até 5h00 ou 5h30 da tarde, e trabalhei muitas manhãs de sábado desde as 7h00 até 12h00 ou 1h00 da tarde", disse ele. Trabalhando no setor de serviços, Matt enfrentou muitos desafios com interrupções. Ele usava os sábados pela manhã para recuperar o atraso no serviço. Essa tentação se oferece a

muitos de nós, independentemente da profissão; nós nos atrasamos durante a semana e usamos o nosso tempo Fora do Palco para resolver pendências.

Matt pôs um ponto final nisso em seu próprio negócio. "Durante a semana, há dias em que não entro no escritório. Eu simplesmente me afasto, e bloqueio meus e-mails em meu telefone celular. Nesses dias, eu não os verifico, e isso me permite foco total para concluir o trabalho, a fim de que eu não precise mais ir trabalhar aos sábados", disse ele. "Em vez de tentar sempre acumular coisas a fim de ser mais produtivo, agora sou mais preciso com relação ao que eu quero fazer; com isso, tenho mais tempo para passar com minha família e para os hobbies que eu adoro. Quando estou no trabalho estou no trabalho, e quando estou em casa estou em casa. *Trabalhe a valer e se divirta a valer*, mas separe os dois, porque isso estabelece um limite."

O processo de Prévia Semanal não leva muito tempo. Como eu já comentei anteriormente, depois que você entra no ritmo, pode dar cabo disso em dez ou quinze minutos. A próxima parte do ato de especificar quais tarefas irão, quando irão e para onde irão é projetar os nossos dias. Existem muitos elementos para serem considerados, mas esse também é um processo rápido.

Planeje o seu dia: as suas 3 Maiores do Dia

Dias excelentes não acontecem por acaso; eles são *causados*. Eu passei anos indo para o escritório todos os dias, sem ter nenhum plano de fato, simplesmente reagindo ao que quer que acontecesse ou preenchendo o meu tempo com qualquer solicitação de reunião ou interrupção que aparecessem. Se é desse modo que você começa o seu dia, está fadado a fracassar. Você não está assumindo o controle; está *entregando* o controle a todos que o cercam. O seu plano não pode ser permitir que qualquer pessoa administre o seu dia, ou você nunca realizará nada que importe para você. Planeje um dia que funcione para as suas metas e prioridades.

A maioria dos seus dias de trabalho são compostos de dois tipos de atividades: reuniões e tarefas. A combinação dessas duas atividades será diferente para cada um de nós dependendo do nosso trabalho, e cada dia parecerá um pouco diferente dependendo do fato de trabalharmos mais no Palco ou nos Bastidores (ver capítulo 7).

As reuniões representam um tempo não discricionário, ou seja, elas são praticamente inalteráveis no dia marcado. Você pode cancelar a reunião ou justificar a sua ausência, é claro, mas desistir de reuniões no último instante lhe custará o seu capital de relacionamento e colocará a sua reputação em risco.

PASSO 3 — AGIR

Como se isso não bastasse, você prestará um enorme desserviço aos outros participantes, que podem ter passado horas se preparando para a reunião. Por esse motivo, é essencial abordar as reuniões em sua Prévia Semanal. Se você aceitou a reunião e a colocou em seu planejamento do dia, a única escolha realista que tem é aparecer e interagir. Algumas vezes, eu terei dias de reuniões sem fim, e não poderei me envolver com tarefa nenhuma; isso provavelmente acontecerá com você também. Contudo, eu posso ver a aproximação desses dias, por isso não planejo cumprir nenhuma tarefa nessas ocasiões. Também faço o contrário: planejo dias de total concentração em tarefas, e recuso todas as solicitações de reunião para esses dias. Esse é um passo importante quando você sabe que precisa de tempo sem interrupções para se aprofundar no trabalho. Deixe que a sua Semana Ideal guie o seu planejamento.

Quanto às tarefas, eu sempre miro três essenciais por dia, e nada além disso. Eu as chamo de minhas 3 Maiores do Dia. Isso pode soar impossível ou mesmo indesejável; eu entendo. Mas pense por um momento sem julgar. Se você conseguir fazer isso, revolucionará o seu trabalho, a sua produtividade e o seu nível geral de satisfação no trabalho e em casa.

A maioria dos profissionais começa o seu dia com uma longa lista de coisas que precisam fazer, reuniões que precisam ter, pessoas com quem precisam falar, projetos que precisam concluir, e assim por diante. As pessoas, em sua maioria, preparam armadilhas para si mesmas tentando se encarregar de coisas demais. Não é incomum para as pessoas ter de dez a vinte tarefas em sua lista de tarefas diária. Essa é uma receita para o desapontamento. Mesmo executando cinco ou seis dessas tarefas, as pessoas sentem que fracassaram, porque restaram muitas por executar.

Stephen, um dos meus clientes de coaching que eu apresentei anteriormente, costumava trabalhar doze horas por dia, cinco dias por semana. E às vezes trabalhava ainda mais. "Meu dia de trabalho ia das seis da manhã às seis da tarde, e mesmo depois de trabalhar por tantas horas era estressante não conseguir concluir tudo o que eu queria", revelou-me ele. "Eu me envolvia em várias tarefas nas quais não achava que deveria trabalhar, e isso acabava me causando mais e mais frustração; e isso aumentava e me perseguia até fora do escritório." As horas demasiado longas e o desgaste mental estavam lhe custando tempo – em qualidade e em quantidade – com sua mulher e com suas filhas.

A única solução que Stephen vislumbrava na época era trabalhar ainda mais. "Eu simplesmente continuei me esforçando mais, mais e mais, e pensava: *Um dia eu vou conseguir. Um dia eu vou começar a trabalhar menos.* Mas lembre-se das crenças limitantes do capítulo 2. "Excesso temporário

de trabalho" é algo que nós dizemos para amenizar o que na verdade acaba sendo excesso permanente de trabalho. Se você quiser deter o excesso crônico de trabalho, faça uma mudança: priorize três e nada mais que três tarefas.

Acredito que o princípio de Pareto se aplique a esse caso. Segundo a regra 80/20, cerca de oitenta por cento dos resultados são gerados por vinte por cento das ações. Em minha experiência, as pessoas costumam ter entre doze e dezoito tarefas em sua lista em qualquer momento. Vamos estabelecer o número de quinze para facilitar nossa análise. Se a regra for válida, apenas três dessas tarefas são significativas em comparação com as outras. Imagine o poder de focar os vinte por cento de ações que produzem os oitenta por cento de resultados. Essas são as suas 3 Maiores do Dia.[6]

Como escolher as suas 3 Maiores do Dia? Para começar, consulte as suas 3 Maiores da Semana. Lembre-se: estas últimas são os três principais resultados que você deve obter na semana se pretende avançar em suas metas e projetos. Deixe que as suas 3 Maiores da Semana informem as suas 3 Maiores do Dia. Estas devem ser principalmente tarefas que estejam em sua Zona do Desejo, e outras tarefas que estejam nos Quadrantes 1 ou 2 da Matriz de Priorização. Tendo em mente as suas 3 Maiores da Semana, comece com as atividades da Zona do Desejo, então passe para as tarefas do Quadrante 1 (importante e urgente), e por fim para as tarefas do Quadrante 2 (importante, não urgente). É claro que você terá solicitações de fora e outras tarefas que devem ser abordadas. Siga a Matriz de Priorização também nesse caso. Se não fizer isso, o seu dia ficará sobrecarregado pelas tarefas do Quadrante 3 (urgente para outra pessoa, mas não importante para você.)

Se você quiser ser livre para focar, priorize três e nada mais que três tarefas.

Isso pode parecer rígido, mas obriga você a ter foco total no que mais importa. Isso também evita que se sinta sobrecarregado. Por quê? Porque você deixa de ter uma longa lista de coisas que não pode fazer. (E quem dá o seu melhor quando desde o começo sabe que não poderá ganhar?) E fica ainda melhor: em noventa por cento das vezes, você chegará ao final do dia com todas as tarefas riscadas da sua lista. Isso não seria incrível? Seguindo esse modelo, você se verá trabalhando todos os dias apenas em tarefas importantes.

Listar apena três tarefas para um dia inteiro de trabalho talvez pareça uma saída fácil, mas exige mais esforço e disciplina do que você imagina. Escrever uma dúzia de tarefas diferentes é uma forma de ociosidade, ainda que a lista o mantenha ocupado o dia inteiro. É necessário esforço bem maior para olhar para

PASSO 3 — AGIR

as doze coisas que você *poderia* fazer e se concentrar nas três coisas que *realmente* importam. E se você acha que concluir apenas três tarefas por dia não é o suficiente para vencer a longo prazo, considere as implicações disso no intervalo de um ano. Se trabalhar cinco dias por semana e descontar vinte e cinco dias por ano a título de férias, feriados e licença médica, você terá 235 dias de trabalho em um ano. Se executar três tarefas de grande importância em cada dia de trabalho, você terminará o ano com uma marca recorde de 705 tarefas de peso concluídas. Pode imaginar o impacto para a sua empresa se em um ano você conseguir realizar 705 tarefas importantes da sua Zona do Desejo?

Jim Koch, fundador da Boston Beer Company e cervejeiro de Samuel Adams, construiu seu negócio de 1,5 bilhão de dólares com base nesse simples princípio. Escrevendo em *Fast Company,* Koch descreve o seu típico dia de trabalho: "Toda manhã eu sigo o meu planejamento anotando num Post-It de três a cinco tarefas obrigatórias para o dia", explica ele. "São itens importantes, mas não necessariamente urgentes. Desde que o meu dia começa, eu mantenho a lista por perto como um lembrete – é fácil esquecer ou adiar essas coisas por mais um dia, mas eu faço disso uma prioridade para riscá-las da minha lista antes do final de cada dia."[7]

A estratégia das 3 Maiores do Dia não funciona apenas para bebidas. Ratmir Timashev, cofundador da bilionária empresa de gerenciamento de dados Veeam Software, também mantém a sua lista curta. "Minha lista de tarefas jamais tem fim, por isso priorizar é importante para mim", diz ele. "Eu costumo fazer uma lista diária das três coisas mais importantes que preciso concluir no período de um dia. Isso realmente ajuda a tornar meu dia mais controlável. Como uma pessoa mais ativa na parte da manhã, eu tendo a concluir essas atividades antes do meio-dia, o que me permite tempo para abordar outras coisas urgentes que aparecem durante o dia."[8]

Stephen teve a mesma experiência. Concentrando-se em um número limitado de tarefas, Stephen está trabalhando metade do tempo enquanto expande seu negócio – e por volta das quatro horas já está em casa para passar a tarde com as suas filhas. O mesmo ocorre com o meu cliente Caleb, que eu apresentei no capítulo 6. "Eu estava sobrecarregado e minhas semanas me deixavam bastante estressado", contou-me ele. "Minha lista de tarefas não parava de crescer, e eu já me sentia sobrecarregado antes mesmo de iniciar o dia. Eu pensava: *Jamais conseguirei reduzir uma lista até chegar às 3 Maiores tarefas. Tenho vinte coisas para fazer hoje!*". Todos nós temos – até começarmos a levar a sério a possibilidade de trabalhar em nossa Zona do Desejo e eliminar, automatizar e delegar a maior parte possível das tarefas que restarem. Caleb fez isso e obteve resultados

incríveis. "Isso é realmente possível. Na maioria dos dias eu consigo escolher com clareza as minhas 3 Maiores. Agora que tenho uma equipe, posso delegar outras atividades a ela e focar as que integram as 3 Maiores."

Concentrando-se em apenas três tarefas importantes, Caleb viu seu senso de controle aumentar de modo acentuado. E já não se sente mais sobrecarregado pelo trabalho. "Tranquilidade. Eu não posso pensar numa palavra melhor do que *tranquilidade* agora, e tenho muito mais energia para enfrentar o dia de trabalho." Além disso, por ter se envolvido em um jogo que podia ganhar – somente três tarefas principais em vez de vinte tarefas aleatórias e sugadoras de energia –, ele encerra o seu dia sentindo-se ótimo com relação ao seu progresso. "Volto para casa muito melhor porque eu triunfei."

Mariel, que apresentei no capítulo 2, também mencionou a paz trazida pelo planejamento do seu dia. "Todas as manhãs eu tinha um ataque de pânico ao acordar, tantas eram as coisas que eu teria de fazer no decorrer do dia. Agora eu sou uma pessoa mais calma e muito mais relaxada. Com os sistemas que aprendi a implementar, tenho confiança de que posso cumprir o que está em minha lista e dar o dia por encerrado sabendo que fiz pelo menos o mínimo para continuar avançando em busca dos meus objetivos." Mariel estendeu o sistema a toda a sua equipe, e isso fez a diferença de maneira global. "Nós até brincamos que nem sabemos como operávamos antes."

Você pode manter as suas 3 Maiores do Dia em um Post-It como Koch, em um caderno de anotações ou num sistema de gerenciamento de tarefas como o Nozbe. Mas onde quer que mantenha as suas 3 Maiores, liberte-se para focar somente aquilo que merece ser priorizado.

Estabeleça limites ao seu tempo

Sêneca, um filósofo romano que viveu na época de Jesus, escreveu sobre o desafio que todos nós enfrentamos: "Não é que o tempo de vida seja breve; nós é que desperdiçamos muito dele", ponderou ele. "A vida é longa para quem sabe como usá-la."

Nós enfrentamos a mesma questão há dois mil anos – provavelmente há muito mais tempo. Não zelamos pelo nosso tempo, e desperdiçamos o que temos. "Os homens não permitem que ninguém se aposse de seus bens, mas permitem que outros invadam a vida deles – pior, eles mesmos convidam a entrar aqueles que controlarão a vida deles", Sêneca disse. "As pessoas são econômicas no que diz respeito a suas propriedades pessoais; mas quando se trata de desperdiçar tempo elas são grandes esbanjadoras da única coisa em que a mesquinhez se justifica."[9]

"A vida é longa para quem sabe como usá-la."

— SÊNECA

A dificuldade é que o tempo é amorfo, e o futuro não tem limites estabelecidos. A solução é determinar em nossas próprias agendas o que acontecerá e quando acontecerá, começando com a semana e depois passando para o dia. A Prévia Semanal, as 3 Maiores da Semana e as 3 Maiores do Dia garantem que não percamos de vista todas as potenciais tarefas que temos, e além disso estabelecem limites sólidos a nosso tempo.

Esse é um passo gigantesco no sentido de proteger o seu tempo contra interrupções e ladrões de tempo que virão atrás de você.

Agora que construiu uma camada de defesa, é hora de passarmos para o ataque. Nós faremos isso no capítulo 9.

DETERMINE A SUA SEMANA E O SEU DIA

Usando as instruções deste capítulo, reserve tempo agora mesmo para a sua primeira Prévia Semanal, incluindo as suas 3 Maiores da Semana; não se preocupe se estiver no meio da semana, não há problema. Você pode baixar uma cópia em FreeToFocus.com/tools. Depois de fazer isso, estabeleça consigo mesmo um compromisso de agenda periódico para conduzir a sua Prévia Semanal toda semana daí por diante.

Em seguida, use as suas 3 Maiores da Semana e elabore as suas 3 Maiores do Dia. Identifique as três principais tarefas que você deve realizar hoje, e certifique-se de reservar tempo para realizá-las em sua agenda. Você pode consultar um modelo em FreeToFocus.com/tools. Comprometa-se com a prática de escolher as suas 3 Maiores do Dia todos os dias pelas próximas semanas. Após três semanas, você olhará para trás e verá concluídas quarenta e cinco tarefas importantes que impulsionaram você e a sua empresa adiante.

9

ATIVAR

Anule interrupções e distrações

Minha experiência são as coisas com as quais
eu aceito lidar.

WILLIAM JAMES

O excêntrico inventor e editor de revistas Hugo Gernsback estava preocupado. Mesmo em 1925, havia tantas distrações no ambiente de trabalho que parecia impossível levar qualquer tarefa a cabo. Para resolver o problema, ele sugeriu um novo aparelho chamado Isolador. Semelhante a um capacete de mergulhador, o Isolador teria a função de bloquear o ruído de equipamentos de escritório, a campainha dos telefones e das portas e os sons de conversas dos colegas. Através de dois pequenos orifícios para os olhos, uma pessoa podia focar apenas o trabalho diante dela e nada mais – pelo menos até que o tanque de oxigênio se esvaziasse![1]

No dia a dia dos escritórios, as interrupções são tão antigas quanto os próprios escritórios. O inventor Hugo Gernsback criou uma solução – o Isolador – em 1925! O invento funcionava muito bem... até ficar sem oxigênio.

Nós vivemos sob um bombardeio de mensagens e informações hoje em dia que teria deixado Gernsback totalmente atônito, por mais visionário que ele fosse. Nós temos mídia social, mensagens de texto, notificações de aplicativo, solicitações de reunião, ligações dos telefones do escritório e dos celulares, e provavelmente mais ruído ambiente do que podemos processar. A tendência de escritórios em conceito aberto piorou essa situação para alguns. O que supostamente ganhamos em termos de colaboração e de redução de custos, nós perdemos em concentração.[2] Isso está nos deixando tão aturdidos que uma indústria inteira se ergueu em torno da prática da atenção total – a ideia de que você pode se desligar de todos os estímulos externos e simplesmente estar presente. É mais difícil do que parece.

Tudo o que a Economia da Distração deseja é desviar a nossa mente do que nós precisamos fazer hoje. Por quê? Porque a atenção é algo inestimável! A concentração é valiosa. É valiosa para nós, e valiosa também para outros. Cada toque que atrai nosso olhar e cada notificação que nos chama a atenção retira valor de nós e o dá a outra pessoa – por exemplo, um colega de trabalho ou um anunciante. Infelizmente, às vezes fazemos trocas ruins.

Emergências genuínas ocorrem, sem dúvida, mas muitas das interrupções com que lidamos são triviais e sem importância. Porém, mesmo as interrupções que consideramos importantes podem ser atenuadas se nós

soubermos como. Quando estamos focados em nossos projetos e tarefas mais importantes, nós não podemos nos dar ao luxo de permitir que interrupções e distrações sabotem nossos dias e nos impeçam de alcançar nossas metas. Neste capítulo, nós abordaremos estratégias para minimizar interrupções, maximizar o foco e garantir que encerremos cada dia com o sentimento de que fizemos o que nos propusemos a fazer.

Interrupções minam a concentração a partir de fora

Interrupções representam um estímulo externo que quebra a sua concentração – uma visita repentina, uma chamada telefônica, um e-mail ou uma mensagem no Slack que o afastam do trabalho que você deveria estar fazendo. Trata-se de mais do que meros aborrecimentos. São um câncer consumindo um trabalho significativo. Mesmo que consiga concluir uma tarefa, as interrupções asseguram que você demore mais para alcançar a linha de chegada, e que o resultado final fique muito aquém dos seus esforços. A boa notícia é que você tem mais poder para resistir a interrupções e atenuá-las do que pode imaginar. Duas ações podem gerar um eficiente Isolador virtual que o ajudará a incrementar a sua produtividade.

Limite a comunicação imediata. A velocidade da comunicação se acelerou com o passar do tempo. Quando eu comecei a trabalhar, a maior parte da comunicação escrita viajava através dos Correios; uma carta costumava levar vários dias, até uma semana, para chegar. Mas então apareceram o fax, o e-mail, as mensagens de texto e as mensagens instantâneas. No passado, o telefone era o único meio de comunicação instantânea; já hoje em dia, indivíduos e equipes comunicam-se continuamente em tempo real via Slack, Microsoft Teams e outros aplicativos de mensagens e de colaboração.

Nós confundimos velocidade com valor. Esse engano intensificou o ritmo da nossa comunicação e a quantidade de interrupções. Em uma pesquisa, um quarto dos entrevistados disseram que se sentiam pressionados a responder mensagens instantâneas imediatamente após recebê-las, mesmo que estivessem realizando algum trabalho.[3] Isso causa um impacto enorme na produtividade pessoal.[4]

Você não pode se aprofundar em um trabalho importante por períodos prolongados quando perde a concentração constantemente, sempre que um dos dezessete aplicativos ou dispositivos o alerta sobre a chegada de uma mensagem, comentário, tag ou ação desejada. Cinco anos depois do

lançamento do iPhone, a Apple se vangloria de que seus servidores entregaram mais de sete *trilhões* de notificações de envio. Nos anos que se seguiram, esse número só cresceu.[5] E não é apenas o seu celular. O seu computador, o seu tablet e o seu relógio inteligente – cada qual com o seu próprio ecossistema de aplicativos, e ferramentas, e programas – se juntam aos "pings" e "dings", aos toques, e ruídos, e visuais invasivos. Cada uma dessas notificações tem o propósito de capitalizar a sua atenção, o que significa que não é você quem capitaliza.

Um estudo realizado pela Hewlett Packard e pela Universidade de Londres revelou que quando nós desviamos a nossa atenção para chamadas e mensagens que recebemos, isso afeta dez por cento do nosso QI; isso equivale ao dobro do efeito de fumar maconha.[6] Embora isso não comprometa permanentemente o funcionamento cognitivo, "isso o deixará temporariamente estúpido", afirmaram o neuropsicólogo Friederike Fabritius e o especialista em liderança Hans Hagemann.[7]

A única solução é optar por retardar a comunicação sempre que for possível. A menos que trabalhe num cargo de atendimento ao cliente, no qual tem de estar "sempre disponível", você deve se ocupar do e-mail ou do Slack não mais do que duas ou três vezes por dia, a não ser que esteja usando esses serviços para trabalhar ativamente em projetos de alta prioridade, como as suas 3 Maiores do Dia. Eu o aconselho a usar a sua Semana Ideal, juntamente com seus rituais de início e de encerramento do dia de trabalho, para dedicar tempo à comunicação em atraso.

	Imediata	Retardada
Expectativa de resposta	Você já demorou	Você responde quando lhe for conveniente
Impacto sobre a concentração	Você perde o foco	Você mantém a concentração
Profundidade de comunicação	A urgência estimula a superficialidade	O tempo permite um envolvimento perspicaz
Risco de dependência	A dopamina reforça o envolvimento compulsivo	Sem dopamina para causar comportamento de apego

Desativar as suas notificações é uma parte essencial para limitar a comunicação imediata. Eu percebi que é melhor começar desativando todas as notificações – em meu desktop, celular e em todos os outros dispositivos – e então perguntar: "Entre esses aplicativos, de quais eu preciso muito receber

notificações?". Depois de determinar quais (pouquíssimos) aplicativos permitirá que o notifiquem, você desejará escolher o alerta menos ruidoso e dissonante de todos. Para mim, isso significa nada de visualização de mensagem, "pings", "dings" nem notificações na tela de bloqueio. Um recurso (que costuma passar despercebido) para limitar notificações é fazer o máximo uso do recurso "não perturbe" do iPhone.

Eu também recomendo eliminar a maioria das mensagens de texto e ligações telefônicas que você recebe, principalmente se forem várias dúzias (ou mais) por dia. Mudar o número do telefone celular é uma dica útil. É menos trabalhoso do que parece, e vai valer a pena reduzir as suas interrupções. Juntamente com o seu novo número de celular, crie um número no Google Voice. Dê o seu novo número de celular apenas aos seus familiares diretos, os colegas de trabalho mais próximos, e talvez um ou dois amigos próximos. O número do Google irá para todos os demais: amigos em geral, conhecidos, a maioria dos colegas de trabalho, serviços on-line, para todos enfim.

Em seguida, baixe o aplicativo do Google Voice para os seus dispositivos móveis. Configure-o para que o Google encaminhe mensagens de texto e mensagens de voz para a caixa de entrada do seu e-mail. Você pode então processá-las como faria com e-mails – que você já isolou em alguns poucos intervalos de tempo diários. Você pode até responder a uma mensagem de texto no e-mail, e isso enviará uma mensagem de texto para a outra pessoa.

Configure uma mensagem automática em seu programa de e-mail se você quiser informar às pessoas que checa as suas mensagens de texto apenas poucas vezes por dia. Quando o seu e-mail disparar essa mensagem automática, as pessoas receberão uma resposta. Agora as únicas mensagens de texto em tempo real que você receberá virão da sua família ou das pessoas que fazem parte do seu círculo íntimo.

Limitando a sua comunicação imediata, você experimentará menos estresse, mais foco e o trabalho profundo que moverá a agulha e fará a diferença em suas tarefas e projetos mais importantes. Mas você pode fazer isso avançar ainda mais com uma ação adicional.

Estabeleça limites e zele por sua aplicação proativamente. Ao optar por retardar a comunicação, você limita o acesso de outras pessoas a você. O truque é proativamente ajustar as expectativas dos outros deixando que eles saibam. Informe às pessoas relevantes que ficará off-line por algum tempo para focar. Não espere que elas venham ao seu encontro; avise-as antes. Você pode contatar essas pessoas que precisam saber por e-mail ou Slack. Poste

uma atualização de status nos canais apropriados. Elabore uma resposta automática para o seu e-mail. Oliver Burkeman afirma que uma caixa de entrada de e-mail é como uma lista de tarefas que toda a população do mundo pode ocupar.[8] Recupere e mantenha o controle sobre isso programando a sua resposta automática, a fim de que informe a outras pessoas quando você estará off-line e quando elas poderão esperar por um retorno. Você pode até pendurar uma placa de "Não Perturbe" na porta do seu escritório.

Comunicar proativamente a respeito da sua disponibilidade coloca você no comando. Publicar o horário de expediente é um modo de fazer isso. Uma política de portas abertas parece uma coisa boa, mas você nunca concluirá nenhum trabalho expressivo se não puder limitar o acesso de entrada. Definir e anunciar o horário de expediente mantém você disponível para a sua equipe, mas lhe permite planejar essas interrupções enquanto garante intervalos de tempo destinados à conclusão do seu trabalho.

E se você tiver um chefe que espera que você esteja sempre disponível? O seu trabalho é convencer seu chefe de que você necessita de tempo para trabalhar de maneira concentrada e profunda. Explique quais são as vantagens disso. Quanto mais ele puder enxergar os benefícios, mais liberdade de ação você terá para estabelecer os seus próprios limites.

> **Uma caixa de entrada de e-mail é como uma lista de tarefas que toda a população do mundo pode ocupar.**

Há, porém, um detalhe importante: As pessoas não respeitarão os seus limites se você não os respeitar. Se alguém tentar ultrapassar o seu perímetro de defesa, seja firme e mantenha a posição. Se for um pedido válido, adie para um horário melhor. Lembre-se de que o seu tempo é fixo – portanto guarde-o como o recurso precioso que ele é.

Distrações minam a concentração a partir de dentro

Enquanto a interrupção é uma força *externa* que exige a nossa atenção, a distração é um elemento *interno* que neutraliza e destrói a concentração. Geralmente nós mesmos somos os nossos piores inimigos, distraindo-nos do trabalho que tem de ser feito. Quando ficamos entediados ou quando o trabalho que estamos executando é especialmente difícil, nós fugimos para e-mails, mensagens de texto, telefonemas, navegação na internet, checagem das notícias ou incursão pelas redes sociais. Mas sempre que nos esquivamos

de tarefas, nós treinamos nosso cérebro para que se torne ainda mais distraído e para que encurte nossos próprios intervalos de atenção, tornando mais difícil cultivar uma vida de foco.

Além do suprimento limitado de oxigênio, foi por causa das distrações que o Isolador de Gernsback não deu certo na vida real. Como ele mesmo admitiu, "Em cinquenta por cento das vezes, as próprias pessoas causam a interferência que as desconcentra".[9] Eu aposto que é mais que cinquenta por cento. Nós podemos culpar todos os barulhos e estímulos externos – ou podemos assumir a responsabilidade necessária para mudar o nosso comportamento.

Quebra de foco. Esse é o principal problema quando nos envolvemos com várias tarefas ao mesmo tempo. Além de ineficaz, envolver-se com várias tarefas é um convite à distração. Um estudo citado pelo jornalista John Naish revelou que estudantes eram quarenta por cento mais lentos na resolução de problemas complicados quando tentavam saltar de uma tarefa para outra. É claro que não nos sentimos lentos quando realizamos várias tarefas. Na verdade, nós nos sentimos rápidos, como se estivéssemos voando. Em parte, é por esse motivo que continuamos fazendo isso, mas a sensação de velocidade é enganosa. Naish cita uma pesquisa que mostra que pessoas que fazem várias tarefas ao mesmo tempo realmente trabalham mais rápido – mas também produzem menos.[10]

Segundo o professor Clay Shirky, da Universidade de Nova York, envolver-se em várias tarefas "proporciona gratificação emocional" porque "estimula o prazer da procrastinação *dentro* do período de trabalho".[11] Nós sentimos que estamos fazendo as tarefas avançarem quando na verdade as estamos retardando. Se estamos escrevendo um e-mail, mas então paramos para checar o Twitter, e depois consultamos o nosso feed de notícias, e então vamos encher a nossa xícara de café, e voltamos à nossa mesa para terminar, nós interrompemos o pensamento necessário para concluir o e-mail. Em decorrência disso, demoraremos mais para retomar a linha de raciocínio necessária para finalizar a tarefa original. Isso se aplica mesmo quando fazemos coisas semelhantes, mas apenas parcialmente ou de maneira fragmentada. Responder a mensagens recebidas enquanto se elabora uma mensagem de voz também estenderá o tempo necessário.

Numa pesquisa realizada pelo Salary.com, sete em cada dez entrevistados admitiram desperdiçar tempo no trabalho todos os dias, e a maioria usa a internet. A maior atração foi a mídia social – com o Facebook em primeiro lugar –, mas as pessoas também relataram compras on-line, navegação em

sites de viagens, esportes e entretenimentos.[12] Quantas vezes nós já nos apanhamos surfando descuidadamente de uma página para outra, ou rolando sem parar a tela dos nossos celulares, sem nenhum objetivo claro em mente?

Eu ouço pessoas dizerem que a mídia social proporciona pausas durante o dia, como as que as pessoas costumam fazer para dar uma caminhada ou sair para fumar. Isso em parte é verdadeiro, mas a acessibilidade da mídia social significa que as pessoas não estão normalmente trabalhando por um longo período e eventualmente fazendo uma pausa. Elas estão quebrando a sua concentração várias vezes, no que Cal Newport chama de "checagens rápidas" durante o período de trabalho. Em vez de fazerem uma pausa para descanso, elas fazem pausas que interrompem o seu foco.

Fazendo trabalho de descida. Muito disso está relacionado com a baixa tolerância à frustração. Em seu livro *The Distracted Mind* [A mente distraída], os professores Adam Gazzaley e Larry Rosen afirmam que humanos inerentemente buscam atenção. Quando se sentem entediados, ansiosos ou desconfortáveis, é fácil *mudar de canal* imediatamente em busca de algo mais interessante. Gazzaley e Rosen citam uma pesquisa feita com estudantes de Stanford cujos computadores foram configurados para realizar capturas de tela de suas atividades no decorrer do dia. Os estudantes raramente ficavam muito tempo em uma tela. Na verdade, a atenção deles durava cerca de um minuto, em média – mas metade das trocas aconteceram depois de apenas dezenove segundos.

Ainda mais interessante, porém, foi o que aconteceu no cérebro deles durante as trocas. Sensores ligados aos participantes da experiência captaram níveis elevados de excitação vários segundos antes de os estudantes trocarem para alguma outra coisa – principalmente quando os estudantes mudavam de uma tarefa difícil, como ler e pesquisar, para algo mais recreativo, como mídia social ou YouTube.[13]

Os profissionais também têm culpa por isso. Quando nós nos vemos num impasse diante de algo difícil, é tentador dar à nossa mente um descanso mudando nossa atenção para algo mais agradável. Pense em uma ladeira. É mais fácil descer a ladeira do que subi-la. Algumas tarefas são como subir uma ladeira, ou seja, são difíceis (por exemplo, análise financeira e redação); já outras são fáceis como descer uma ladeira (por exemplo, verificação de e-mail ou do Slack). As tarefas de subida são geralmente aquelas que geram resultados e criam valor em nossas organizações. Mas as tarefas de descida exigem menos energia. Esse é um dos motivos pelos quais as pessoas fazem tanto trabalho inútil, descartável; é mais fácil. Existe quase

uma atração gravitacional na direção desse tipo de atividade. Permitir que tarefas de descida nos distraiam quando necessitamos focar a subida tem um enorme custo sobre a produtividade.

Quando você está trabalhando em uma tarefa desafiadora e a deixa de lado para checar o e-mail ou o Slack, precisará de mais tempo e energia para retomar a tarefa original. Pular a tarefa complicada é fácil; pular a tarefa fácil é difícil. Isso exige ainda mais energia do que continuar com a tarefa de subida.[14] Mas isso é o que ocorre a curto prazo. Os custos disso para a produtividade a longo prazo são ainda maiores. Quando nós desistimos muito rápido das tarefas de subida, acaba se tornando um padrão acreditar que é cada vez mais difícil prosseguir com uma tarefa complexa antes de a abandonarmos.

Mudar de tarefas de subida para tarefas de descida (ou pior, para coisas que nem podemos chamar de tarefas, como o Facebook) libera dopamina em nosso cérebro. Isso é registrado como uma recompensa prazerosa pelo nosso comportamento. Nós sentimos uma onda de alívio quando permitimos a nós mesmos passar de uma tarefa difícil para outra mais fácil. Isso torna mais difícil retornar ao trabalho, o que por sua vez torna ainda mais fácil abandoná-lo na próxima vez. Esse ciclo traiçoeiro – o mesmo que conduz a todo comportamento de vício – encolhe cada vez mais o nosso momento de atenção. É como um Distúrbio de Déficit de Atenção autoinduzido. Com efeito, o especialista nesse distúrbio Edward Hallowell chama esse hábito aprendido de Traço de Déficit de Atenção e afirma que está "em todo lugar, especialmente no trabalho".[15]

Táticas de foco

Se nós queremos liberdade para focar, não precisamos do Isolador de Gernsback. Nós precisamos é de táticas que nos ajudem a recuperar, conservar e, por fim, reeducar o nosso foco. Você já está dormindo o bastante (capítulo 3) e se desconectando da comunicação imediata. Essas duas ações foram úteis. Aqui vão algumas sugestões adicionais:

Use tecnologia para controlar a tecnologia. Se você fizer uma busca no Google por "aplicativos para foco", encontrará uma nova geração de aplicativos de software projetados para minimizar distrações on-line. Atualmente, eu uso um aplicativo chamado Freedom, que é multiplataforma e altamente personalizável. Ele lhe permite personalizar quais aplicativos e websites você pode acessar durante períodos de total concentração no trabalho.

Quando nós nos vemos num impasse diante de algo difícil, é tentador dar à nossa mente um descanso mudando nossa atenção para algo mais agradável.

Por exemplo: Eu faço muita pesquisa on-line, por isso não posso fazer um bom trabalho sem a internet. Contudo, posso usar o Freedom para bloquear temporariamente o Facebook, o Twitter, sites de notícias e outros aplicativos barulhentos dos quais não preciso no momento. É uma ótima ferramenta, e existem muitas outras como ela. Essa ferramenta de fato restringe os nossos hábitos compulsivos no celular e no computador; depois de utilizá-la por algum tempo, você se surpreenderá.

Ouça a música certa. Ouvir música pode parecer contraproducente quando você está tentando manter o foco, sobretudo se estiver empregando energia mental para filtrar jingles irritantes ou despendendo esforço para se ocupar das letras quando o seu cérebro está voltado para questões mais importantes. Mas existem algumas maneiras úteis de usar a música em seu benefício.

Música ambiente que é familiar, repetitiva, relativamente simples e não muito alta pode auxiliar no foco, e há evidências sólidas de que música clássica positiva pode ajudar no trabalho criativo.[16] Há quem recomende até mesmo trilhas sonoras de videogame. Mas não existe um estilo perfeito ou ideal; isso está associado principalmente à preferência individual. "A música de que você gosta aumenta o foco", diz o neurocientista Dean Burnett, "ao passo que música de que não gosta bloqueia o foco".[17] O que funciona para mim é música barroca (como a de Bach, Handel ou Telemann) e trilhas sonoras de filmes. A música também ajuda a disfarçar o barulho no local de trabalho, mas você precisa cuidar para que ela não se torne a sua própria distração.

Eu escuto música sempre que quero escapar do mundo e me aprofundar em meu trabalho. O Focus@Will é um serviço on-line semelhante ao Pandora, mas que transmite música selecionada especificamente para prolongar o seu período de atenção e melhorar a sua concentração. E o Focus@Will também permite que você configure sessões de trabalho com limite de tempo.

Responsabilize-se por seu ambiente. Faça com que o seu espaço de trabalho funcione para você. Se perceber que seu ambiente favorece a distração, considere mudar de local. A variedade pode nos reenergizar e facilitar nossa total concentração no trabalho. Isso é fácil quando se trabalha remotamente, mas mesmo funcionários de escritório têm mais flexibilidade em sua área de trabalho do que imaginam.

Eu trabalhei com um editor que trocava seu escritório por outros locais sempre que tinha maratona de sessões de edição: uma mesa no pátio externo, uma sala de conferências vazia ou um canto no refeitório durante uma pausa

no movimento do horário de almoço. Ele não suportava cafés, mas liquidava um livro após outro numa tabacaria próxima. O segredo é encontrar um ambiente que sirva para você.[18] Em seu livro *Willpower Doesn't Work* [Força de vontade não funciona], Benjamin Hardy menciona um empreendedor que jamais trabalha no mesmo lugar dois dias seguidos. Em vez disso, ele conta com várias áreas de trabalho diferentes e circula por elas a fim de se adaptar às necessidades da sua Semana Ideal.[19]

Transferir-se de lugar não é a única maneira de conseguir que o seu espaço de trabalho funcione para você. Também há a alternativa de otimizar o seu atual espaço de trabalho para favorecer o foco. Por exemplo, eliminar itens que podem distraí-lo com facilidade e se esforçar para melhorar o aspecto do seu espaço. Quando projetamos o espaço de trabalho da Michael Hyatt & Company, nós incluímos uma sala silenciosa onde as pessoas pudessem ter plena concentração em seu trabalho, mas também cuidamos para que o escritório inteiro fosse esteticamente agradável. Ninguém é obrigado a trabalhar no escritório, mas a equipe local inteira passa tempo lá toda semana, porque é um ambiente perfeito para a produtividade.

Organize o seu espaço de trabalho. Estudos mostram que a desordem traz algumas vantagens, sobretudo para o trabalho criativo, mas é terrível para o desempenho com foco.[20] Segundo o escritor Erin Doland, pesquisadores do Princeton Neuroscience Institute descobriram que "Quando o seu ambiente está em desordem, o caos restringe a sua capacidade de focar. A desordem também limita a sua capacidade cerebral para processar informação. A desordem torna-o distraído e incapaz de processar informação tão bem quanto você processa em um ambiente desobstruído, organizado e sereno."[21]

Se você trabalha em um escritório bagunçado, é hora de dar um fim nisso. Não importa quão ocupado você esteja; trata-se de uma tarefa que deve definitivamente classificar como urgente e importante. A sua bagunça se tornou um estorvo, quer você perceba isso, quer não. Eu recomendo que você marque uma hora na sua agenda para organizar o seu escritório. Se essa tarefa estiver longe da sua Zona do Desejo, talvez você possa delegá-la a outra pessoa – de preferência alguém que seja realmente bom em organização. Esse será um tempo (e dinheiro, se for necessário) bem gasto.

A bagunça em questão também diz respeito ao seu espaço digital. Se os arquivos do seu computador estiverem em total desordem e não houver razão nenhuma para a sua estrutura de pasta, agende um horário para organizar

isso também. Se você vai passar grande parte da sua vida diante do computador, pelo menos deixe-o tão livre de entulho quanto o seu escritório.

Aumente a sua tolerância à frustração. Para quem escolhe muito rapidamente e com grande frequência os trabalhos de descida, uma saída é elevar a tolerância à frustração a fim de aperfeiçoar o foco. Quanto mais tempo você puder suportar o desafio de se envolver com tarefas de subida importantes – e com as emoções problemáticas que frequentemente as acompanham –, mais eficaz você será e maiores serão as suas chances de finalizar seus projetos e alcançar os seus objetivos.

O primeiro passo é perceber a chegada do impulso de desistir. Se conseguir percebê-lo, você poderá escolher ignorá-lo. E quanto mais você escolher continuar com a tarefa de subida, mais forte se tornará a sua tolerância à frustração. Você está treinando para ter concentração.[22] Mas como perceber a chegada de tal impulso? Poucas coisas funcionam tão bem quanto cultivar a plena atenção. Quanto mais nos conscientizarmos dos nossos pensamentos e emoções, mais chances teremos de perceber quando estivermos ansiosos, estressados ou propensos de algum modo à distração. Segundo Fabritius e Hagemann, "Descobriu-se que o treinamento da atenção fortalece a capacidade do cérebro de prestar atenção aumentando a sua capacidade de ignorar distrações, tanto internas como externas, levando-o a focar não as distrações, mas sim o que está acontecendo no momento."[23] Eu descobri que escrever um diário também ajuda, porque me permite refletir e analisar o que funciona (ou não funciona) em meu desempenho.

Não há necessidade de Isolador

Assumir o controle do seu dia pode ser mais do que desafiador; pode ser assustador. Se a única realidade que você conhece é pular de um incêndio para outro diariamente, a ideia de se isolar das interrupções pode levá-lo a se perguntar: *Mas quem apagará todos esses incêndios se eu não apagar?* Com o passar dos anos, eu aprendi que empreendedores de alto desempenho se tornam os solucionadores de problemas ideais de todos os que estão à sua volta. E todos sabemos bem que resolver os problemas dos outros é praticamente garantia de que eles trarão a você mais problemas no futuro.

Você não pode passar o dia inteiro trabalhando nas prioridades de outras pessoas se quiser se tornar livre para focar. Isso jamais lhe trará os resultados que deseja obter. E você também não pode deixar que a comodidade das

tarefas de descida o afaste do trabalho de peso que é essencial para que você atinja as suas metas.

E por falar em metas, tire um minuto para conferir suas metas trimestrais, as suas 3 Maiores da Semana e as suas 3 Maiores do Dia. O que elas significam para você? O que a realização dessas metas tornará possível em sua vida e no seu negócio? O Isolador de Gernsback pode ser uma invenção inteligente, mas você não precisa dela. Agora que está fortalecido para superar interrupções e distrações, nada pode ficar entre você e os seus projetos e suas metas mais importantes.

UM PLANO PARA MINIMIZAR INTERFERÊNCIAS

É hora de utilizar as estratégias e práticas contidas neste capítulo para desenvolver o seu plano personalizado de ação a fim de minimizar interferências em seu dia. Baixe uma cópia da Planilha de Proteção do Foco em FreeToFocus.com/tools.

O seu primeiro objetivo é eliminar interrupções. Comece criando um Gatilho de Ativação. Lembre-se de que isso é apenas um lembrete da sua intenção, para ajudá-lo a implementar ação positiva. Nesse caso, pode ser algo como pendurar na porta uma placa com o aviso "Não Perturbe". Em seguida, relacione os obstáculos que você acredita que estejam atrapalhando. Depois, planeje a sua resposta – a sua Tática de Antecipação.

Repita esse mesmo processo para distrações. Quando terminar, você terá uma estratégia clara e viável para banir os ladrões de tempo de uma vez por todas.

Ponha o seu foco para funcionar

Amadores se sentam e esperam a inspiração chegar, o resto de nós simplesmente se levanta e vai trabalhar.

STEPHEN KING

Em 1816, Francis Ronalds prendeu treze quilômetros de fio de metal entre duas traves de madeira em seu jardim. Enviando sinais codificados com as letras do alfabeto pelo fio, ele conseguiu enviar mensagens que podiam ser recebidas e decodificadas em um instante. Antes da invenção do telégrafo de Ronalds, a velocidade das mensagens dependia das condições da transmissão física ao longo da distância necessária. Ronalds escreveu ao Almirantado Britânico com notícias sobre a sua extraordinária descoberta, esperando uma reação entusiasmada. Em vez disso, um oficial lhe respondeu dizendo que o governo não tinha necessidade da sua invenção. Como explica o historiador Ian Mortimer, "O Almirantado acreditava que o sistema de semáforo que eles haviam adotado recentemente – isto é, homens acenando uns para os outros com bandeiras – era superior."[1] Acredite se quiser!

É fácil zombar dos oficiais, mas nós estamos todos propensos a cometer o mesmo erro básico. Nós supervalorizamos os nossos sistemas vigentes e resistimos à mudança – mesmo que essa mudança traga benefícios imediatos e renovadores. Eu contei essa história porque agora você está diante de uma

escolha: pode optar por uma nova e transformadora abordagem da produtividade – ou pode balançar bandeiras. Os antigos métodos de produtividade nos permitiram chegar o mais longe possível, e enfureceram muitos de nós ao longo do caminho. Chegou a hora de aplicar uma nova abordagem. O mundo adotou a invenção de Ronalds e deu andamento a uma revolução nas comunicações que ainda hoje nos afeta. Eu quero que você se junte à revolução na produtividade proposta em *FREE TO FOCUS*.

Nós iniciamos este livro com um convite incomum a Parar. Então eu disse a você que a melhor maneira de começar era parando, porque tinha certeza de que você estava gastando tempo e energia demais em coisas que no final das contas não importavam. Mas isso foi há um bom tempo. Isso foi antes de você aprender a pronunciar com ênfase o seu *porquê* para aumentar a sua produtividade, antes de você aprender a cortar da sua agenda as tarefas desnecessárias e o desperdício de tempo, e antes de você aprender a colocar em prática todos esses princípios. Agora, munidos com o que nós aprendemos, é hora de *começar*.

O seu caminho para o sucesso *Free to Focus*

Eis um caminho para o sucesso do início ao fim que você pode seguir, a começar agora.

1. **Ponha a casa em ordem.** Reserve algum tempo para focar a implementação de *Free to Focus*. Faça uma triagem em sua agenda e providencie os arranjos necessários para conquistar algum tempo para você. Se tiver um assistente, envolva-o nesse processo.

2. **Defina os seus parâmetros.** Utilize a Avaliação de Produtividade *Free to Focus* que eu mencionei no início do livro para estabelecer os seus parâmetros de produtividade. Você pode encontrar a Avaliação de Produtividade em FreeToFocus.com/assessment.

3. **Deixe claro o seu objetivo.** Seja claro a respeito da meta de produtividade. A ideia é fazer mais do que tem de ser feito, não simplesmente fazer mais. Ter um alto desempenho só por ter é um caminho para o esgotamento.

4. **Encontre o verdadeiro norte.** Utilize o Filtro de Tarefas e a Bússola da Liberdade para identificar o que está e o que não está funcionando para você agora.

5. **Agende margem de manobra.** Reserve manhãs, noites e fins de semana para o rejuvenescimento, a fim de ter energia mental e emocional para maximizar o seu foco.

6. **Faça a poda do que for excessivo.** Elabore uma Lista do que Não Fazer usando a sua Bússola da Liberdade e comece a eliminar tudo o que puder da sua agenda e da sua lista de tarefas – agora e daqui para a frente.

7. **Automatize e poupe tempo.** Examine as suas atividades regulares – especialmente as da manhã e da noite, do início e do encerramento do dia de trabalho – e estabeleça alguns rituais que você possa seguir. Reinvente a roda uma vez e ela continuará rolando mesmo que você nem se dê mais conta disso. Em seguida, identifique três ou quatro tarefas ou processos necessários que você possa automatizar, começando agora.

8. **Transfira tudo o que você puder.** Utilizando a Hierarquia da Delegação, comece a transferir tarefas a outros membros da sua equipe. Não tem uma equipe? Busque a ajuda de autônomos. Quanto mais tempo você passar na sua Zona do Desejo, maiores serão os benefícios que colherá, e isso significa que você pode arcar com a ajuda.

9. **Planeje uma Semana Ideal.** O futuro é incerto. Dê a ele alguns contornos sólidos estabelecendo *quando* você quer fazer *o quê*. Essa é a melhor maneira de garantir que você terá a margem de manobra de que precisa e terá tempo para focar o que mais importa.

10. **Planeje a sua semana e o seu dia.** Utilize a Prévia Semanal, juntamente com as 3 Maiores da Semana e as 3 Maiores do Dia, para acompanhar as suas metas e seus principais projetos e executar as suas tarefas essenciais, diariamente.

11. **Supere interrupções e distrações.** Interrupções e distrações podem sabotar o seu dia, mas isso não precisa acontecer. Você tem muito mais controle sobre as interferências do que imagina. Siga as sugestões no capítulo 9 e livre-se delas de uma vez por todas.

Pode levar algum tempo para as coisas avançarem, mas você tem o que é necessário. Como profissional de alto desempenho, você não apenas está pronto para um desafio, como também é especialista em se colocar à altura da ocasião e alcançar a recompensa.

Mantenha-se no caminho certo

Quando você começar a usar o sistema *FREE TO FOCUS*, ele o ajudará a manter o ímpeto – mesmo quando novos desafios e obstáculos surgirem. E eles surgirão. Profissionais de alto desempenho estão sempre ativos. Permaneça com sua Bússola da Liberdade e deixe que ela o oriente em meio a imprevistos e reviravoltas. Agora você sabe como se navega. Quando se deparar com obstáculos à sua produtividade, volte para os três passos básicos do sistema: *Parar, Cortar* e *Agir*. Esses passos proporcionam uma rápida correção de curso para que você possa permanecer no caminho certo mesmo nas épocas mais corridas.

Parar. Ninguém toma decisões inteligentes em frenética atividade. Em vez disso, faça uma pausa. Saia um pouco da sua mesa. Vá dar uma caminhada lá fora. Tenha uma boa noite de sono – faça o que for necessário para aquietar sua mente. E depois avalie a situação. Reflita sobre o seu real objetivo, sobre a importância dele, e considere as mudanças que você pode precisar fazer em sua estratégia para alcançá-lo.

Cortar. É provável que você não sinta que tem muitas coisas para fazer. Na verdade, você tem muito o que fazer. Mesmo depois que implementar o sistema *FREE TO FOCUS*, você poderá se deparar com tarefas invadindo sorrateiramente a sua lista e lentamente comprometendo a sua produtividade. Use o que você aprendeu para eliminar, automatizar e delegar quantas dessas tarefas puder.

Agir. Agora que você conta com um caminho claro, é hora de entrar em ação. O início é metade da batalha, portanto identifique os próximos passos que lhe darão um breve senso de ímpeto. A outra metade da batalha é permanecer focado. Interrupções e distrações podem sabotar até os seus melhores esforços. Identifique as estratégias que você usará para se manter focado – se desativará as suas notificações ou se pendurará um aviso de "Não Perturbe" na porta do seu escritório. Você ficará impressionado ao constatar o quanto pode realizar quando está livre para focar.

Lembre-se do que Herbert Simon disse no início: "A informação consome a atenção de quem a recebe". Nós trabalhamos na Economia da Distração. A atenção é um recurso escasso, e quase todos lá fora estão tentando

explorar o seu foco. Se você não tomar cuidado, acabará gastando o seu recurso mais valioso para alcançar as metas de outras pessoas.

A solução é potencializar o seu foco e avançar nas iniciativas e projetos que o conduzirão ao sucesso. *FREE TO FOCUS* lhe mostrou como fazer isso. E também lhe mostrou – o que é igualmente importante – como fazer para, enfim, ter de volta o seu tempo livre. Trabalhando quarenta horas (ou até menos) por semana, você terá bastante tempo para investir em seus relacionamentos mais importantes, em sua saúde e seus hobbies, e em todas as outras coisas que o mantêm vigoroso e produtivo por um longo tempo.

Então comece a implementar essas estratégias. Comece assumindo o controle da sua agenda e maximizando a sua energia para as coisas que importam. Comece a revolucionar a produtividade em sua empresa. Comece a conquistar mais fazendo menos.

NOTAS

Começando a focar

1. Herbert A. Simon, "Designing Organizations for an Information-Rich World", *Computers, Communication, and the Public Interest*, ed. Martin Greenberger (Baltimore: Johns Hopkins Press, 1971), 40.

2. Oliver Burkeman, "Attentional Commons", *New Philosopher*, ago./out. 2017.

3. Richard Ovenden, "Virtual Memory: The Race to Save the Information Age", *Financial Times*, 19 maio 2016, https://www.ft.com/content/907fe3a6-1ce3-11e6-b286-cddde55ca122.

4. Brian Dumaine, "The Kings of Concentration," *Inc.*, maio 2014, https://www.inc.com/magazine/201405/brian-dumaine/how-leaders-focus-with-distractions.html.

5. Rachel Emma Silverman, "Workplace Distractions: Here's Why You Won't Finish This Article", *Wall Street Journal*, 11 dez. 2012, https://www.wsj.com/articles/SB10001424127887324339204578173252223022388.

6. Silverman, "Workplace Distractions".

7. Brent D. Peterson e Gaylan W. Nielson, *Fake Work* (Nova York: Simon Spotlight Entertainment, 2009), xx.

8. Susanna Huth, "Employees Waste 759 Hours Each Year Due to Workplace Distractions", *London Telegraph*, 22 jun. 2015, https://www.telegraph.co.uk/finance/jobs/11691728/Employees-waste-759-hours-each-year-due-to-workplace-distractions.html. Brigid Schulte, "Work Interruptions Can Cost You 6 Hours a Day", *Washington Post*, 1 jun. 2015, https://www.washingtonpost.com/news/inspired-life/wp/2015/06/01/interruptions-at-work-can-cost-you-up-to-6-hours-a-day-heres-how-to-avoid-them.

9. Jonathan B. Spira, *Overload!* (Nova York: Wiley, 2011), xiv.

10. Joseph Carroll, "Time Pressures, Stress Common for Americans", Gallup, 2 jan. 2008, http://news.gallup.com/poll/103456/Time-Pressures-Stress-Common-Americans.aspx.

11. Maurie Backman, "Work-Related Stress: Is Your Job Making You Sick?", *USA Today*, 10 fev. 2018, https://www.usatoday.com/story/money/careers/2018/02/10/is-your-job-making-you-sick/110121176/.

12. Jennifer J. Deal, "Always On, Never Done?", Center for Creative Leadership, ago. 2013, https://s3.amazonaws.com/s3.documentcloud.org/documents/1148838/always-on-never-done.pdf.

13. Patricia Reaney, "Love Them or Loathe Them, Emails Are Here to Stay", Reuters, 26 ago. 2015, https://www.reuters.com/article/usa-work-emails/love-them-or-loathe-them-emails-are-here-to-stay-survey-idUSL1N10Z29D20150826.

14. Segundo a mesma pesquisa, quase oito por cento checam o e-mail do trabalho em eventos na escola dos filhos, e mais de seis por cento fazem isso em casamentos. Mas há mais: quatro por cento fazem isso quando estão em trabalho de parto, e alguns fazem isso até em funerais! Melanie Hart, "Hail Mail or Fail Mail?", *TechTalk*, 24 jun. 2015, https://techtalk.gfi.com/hail-mail-or-fail-mail.

15. Lewis Carroll, *Through the Looking Glass* (Nova York: Macmillan, 1897), 42.

16. Alan Schwarz, "Workers Seeking Productivity in a Pill Are Abusing A.D.H.D. Drugs", *New York Times*, 18. abr. 2015, https://www.nytimes.com/2015/04/19/us/workers-seeking-productivity-in-a-pill-are-abusing-adhd-drugs.html.   Carl Cederström, "Like It or Not, 'Smart Drugs' Are Coming to the Office", *Harvard Business Review*, 19 maio 2016, https://hbr.org/2016/05/like-it-or-not-smart-drugs-are-coming-to-the-office. Andrew Leonard, "How LSD Microdosing Became the Hot New Business Trip," *Rolling Stone*, 20 nov. 2015, https://www.rollingstone.com/culture/features/how-lsd-microdosing-became-the-hot-new-business-trip-20151120. Lila MacLellan, "The Science behind the 15 Most Common Smart Drugs", *Quartz*, 20 set. 2017, https://qz.com/1064224/the-science-behind-the-15-most-common-smart-drugs/.

17. Burkeman, "Attentional Commons".

Capítulo 1 – Formular

1. Citado em Nikil Saval, *Cubed: A Secret History of the Workplace* (Nova York: Doubleday, 2014), 50. Ver a íntegra do exame sobre Taylor e o Taylorismo nas páginas 45-62. Os discípulos de Taylor usaram mais tarde a sua abordagem em funcionários de escritório, determinando quanto tempo demoravam para realizar ações simples como abrir gavetas de mesa e girar numa cadeira giratória. (Caso esteja se perguntando, os tempos são 0,04 minutos e 0,009 minutos, respectivamente.) "Taylor e seus discípulos transformaram eficiência em ciência", disse o economista Jeremy Rifkin. "Eles inauguraram uma nova cultura. A eficiência foi oficialmente eleita o valor dominante da idade contemporânea." Ver Rifkin, *Time Wars* (Nova York: Touchstone, 1989), 131-132.

2. Lydia Saad, "The '40-Hour' Workweek Is Actually Longer—by Seven Hours," Gallup, 29 ago. 2014, http://news.gallup.com/poll/175286/hour-workweek-actually-longer-seven-hours.aspx.

3. Heather Boushey e Bridget Ansel, "Overworked America", Washington Center for Equitable Growth, maio 2016, http://cdn.equitablegrowth.org/wp-content/uploads/2016/05/16164629/051616-overworked-america.pdf.

4. Leslie A. Perlow e Jessica L. Porter, "Making Time Off Predictable—and Required", *Harvard Business Review*, out. 2009, https://hbr.org/2009/10/making-time-off-predictable-and-required.

5. Josef Pieper, *Leisure as the Basis of Culture*, trad. Alexander Dru (São Francisco: Ignatius, 2009), 20.

6. "The North American Workplace Survey", WorkplaceTrends, 29 jun. 2015, https://workplacetrends.com/north-american-workplace-survey/.

NOTAS

7. "The Employee Burnout Crisis: Study Reveals Big Workplace Challenge in 2017", Kronos, 9 jan. 2017, https://www.kronos.com/about-us/newsroom/employee-burnout-crisis-study-reveals-big-workplace-challenge-2017.

8. Willis Towers Watson, "Global Benefits Attitudes Survey 2015/16", https://www.willistowerswatson.com/en/insights/2016/02/global-benefit-attitudes-survey-2015-16.

9. Michael Blanding, "National Health Costs Could Decrease If Managers Reduce Work Stress", Harvard Business School Working Knowledge, 26 jan. 2015, https://hbswk.hbs.edu/item/national-health-costs-could-decrease-if-managers-reduce-work-stress.

10. Chris Weller, "Japan Is Facing a 'Death by Overwork' Problem", *Business Insider*, 18 out. 2017, http://www.businessinsider.com/what-is-karoshi-japanese-word-for-death-by-overwork-2017-10. Jake Adelstein, que trabalhou na mídia japonesa, disse que trabalhar de oitenta a cem horas por semana é rotina: "Japan Is Literally Working Itself to Death: How Can It Stop?", *Forbes*, 30 out. 2017, https://www.forbes.com/sites/adelsteinjake/2017/10/30/japan-is-literally-working-itselfto-death-how-can-it-stop.

11. "Man on Cusp of Having Fun Suddenly Remembers Every Single One of His Responsibilities", *Onion*, 30 maio 2013, http://www.theonion.com/article/man-on-cusp-of-having-fun-suddenly-remembers-every-32632.

12. Liz Alderman, "In Sweden, an Experiment Turns Shorter Workdays into Bigger Gains", *New York Times*, 20 maio 2016, https://www.nytimes.com/2016/05/21/business/international/in-sweden-an-experiment-turns-shorter-workdays-into--bigger-gains.html.

13. "Ford Factory Workers Get 40-Hour Week", History.com, http://www.history.com/this-day-in-history/ford-factory-workers-get-40-hour-week.

14. "Ford Factory Workers", History.com.

15. Basil the Great, "Letter 2 (to Gregory of Nazianzus)," trad. Roy J. Deferrari (Cambridge: Harvard University Press, 1926), Loeb 190, 1.9.

Capítulo 2 - Avaliar

1. Ver as descobertas resumidas em Anders Ericsson e Robert Pool, *Peak* (Nova York: Houghton Mifflin Harcourt, 2016). Veja também Mihaly Csikszentmihalyi, *Flow* (Nova York: Harper Perennial, 2008).

2. Ver Tom Rath, *StrengthsFinder 2.0* (Nova York: Gallup, 2007), 105-108.

3. Para se aprofundar no assunto de crenças limitantes, incluindo um processo para transformá-las em verdades libertadoras, ver "Step 1: Believe the Possibility" em meu livro *Your Best Year Ever* (Grand Rapids: Baker Books, 2018), 25-62.

Capítulo 3 - Rejuvenescer

1. Alexandra Michel, "Participation and Self-Entrapment", *The Sociological Quarterly* 55, 2014, http://alexandramichel.com/Self-entrapment.pdf.

2. John M. Nevison, "Overtime Hours: The Rule of Fifty", New Leaf Management, dez. 1997.

3. Morten T. Hansen, *Great at Work* (Nova York: Simon and Schuster, 2018), 46. Com base em uma pesquisa de Hansen, os trabalhadores podiam vantajosamente trabalhar

MINDSET DO FOCO • Michael Hyatt

mais de cinquenta horas por semana, mas ele desaconselha isso. O psicólogo cognitivo Daniel J. Levitin diz: "Uma semana de trabalho de sessenta horas, embora 50% mais longa do que uma semana de trabalho de quarenta horas, reduz a produtividade em 25%, então são necessárias duas horas de tempo adicional para executar uma hora de trabalho." *The Organized Mind* (Nova York: Dutton, 2016), 307.

4. Sarah Green Carmichael, "The Research Is Clear: Long Hours Backfire for People and for Companies", *Harvard Business Review*, 19 ago. 2015, https://hbr.org/2015/08/the-research-is-clear-long-hours-backfire-for-people-and-for-companies.

5. Bambi Francisco Roizen, "Elon Musk: Work Twice as Hard as Others", Vator.TV, 23 dez. 2010, http://vator.tv/news/2010-12-23-elon-musk-work-twice-as-hard-as-others.

6. Michael D. Eisner, *Work in Progress* (Nova York: Hyperion, 1999), 301.

7. Jeffrey M. Jones, "In U.S., 40% Get Less Than Recommended Amount of Sleep", Gallup, 19 dez. 2013, http://news.gallup.com/poll/166553/less-recommended-amount-sleep.aspx.

8. Diane S. Lauderdale et al., "Objectively Measured Sleep Characteristics among Early-Middle-Aged Adults", *American Journal of Epidemiology* 164, n. 1 (1 jul. 2006), https://academic.oup.com/aje/article/164/1/5/81104.

9. Tanya Basu, "CEOs Like PepsiCo's Indra Nooyi Brag They Get 4 Hours of Sleep. That's Toxic", *The Daily Beast*, 11 ago. 2018, https://www.thedailybeast.com/ceos-like--pepsicos-indra-nooyi-brag-they-get-4-hours-of-sleep-thats-toxic. Katie Pisa, "Why Missing a Night of Sleep Can Damage Your IQ", CNN, 20 abr. 2015, https://www.cnn.com/2015/04/01/business/sleep-and-leadership. Geoff Colvin, "Do Successful CEOs Sleep Less Than Everyone Else?", *Fortune*, 18 nov. 2015, http://fortune.com/2015/11/18/sleep-habits-donald-trump. De acordo com um estudo, quarenta e dois por cento dos líderes têm seis horas ou menos de sono por noite. Christopher M. Barnes, "Sleep Well, Lead Better", *Harvard Business Review*, set./out. 2018.

10. Nick van Dam e Els van der Helm, "The Organizational Cost of Insufficient Sleep", *McKinsey Quarterly*, fev. 2016, https://www.mckinsey.com/business-functions/organization/our-insights/the-organizational-cost-of-insufficient-sleep.

11. N.J. Taffinder et al., "Effect of Sleep Deprivation on Surgeons' Dexterity on Laparoscopy Simulator", *The Lancet*, 10 out. 1998, http://www.thelancet.com/pdfs/journals/lancet/PIIS0140673698000348.pdf.

12. Maggie Jones, "How Little Sleep Can You Get Away With?", *New York Times Magazine*, 15 abr. 2011, http://www.nytimes.com/2011/04/17/magazine/mag-17Sleep-t.html.

13. Sobre essas questões e outras relacionadas, ver Shawn Stevenson, *Sleep Smarter* (Nova York: Rodale, 2016); David K. Randall, *Dreamland* (Nova York: Norton, 2012); e Penelope A. Lewis, *The Secret World of Sleep* (Nova York: Palgrave Macmillan, 2014).

14. Lewis, *The Secret World of Sleep*, 18.

15. Jeff Bezos, "Why Getting 8 Hours of Sleep Is Good for Amazon Shareholders", Thrive Global, 30 nov. 2016, https://www.thriveglobal.com/stories/7624-jeff-bezos-why-getting-8-hours-of-sleep-is-good-for-amazon-shareholders.

16. Matthew J. Belvedere, "Why Aetna's CEO Pays Workers Up to $500 to Sleep", CNBC, 5 abr. 2016, https://www.cnbc.com/2016/04/05/why-aetnas-ceo-pays--workers-up-to-500-to-sleep.html.

NOTAS

17. Alex Hern, "Netflix's Biggest Competitor? Sleep", *Guardian*, 18 abr. 2017, https://www.theguardian.com/technology/2017/apr/18/netflix-competitor-sleep-uber-facebook.

18. Alex Soojung-Kim Pang, *Rest* (Nova York: Basic, 2016), 110-128.

19. Barbara Holland, *Endangered Pleasures* (Boston: Little, Brown, 1995), 38.

20. Para otimizar o seu sono noturno, eu recomendo *Sleep Smarter* de Shawn Stevenson, e para o momento da soneca recomendo *Take a Nap! Change Your Life* de Sara C. Mednick (Nova York: Workman, 2006).

21. "Just One-in-Five Employees Take Actual Lunch Break", Right Management ThoughtWire, 16 out. 2012, https://www.right.com/wps/wcm/connect/right-us-en/home/thoughtwire/categories/media-center/Just+One+in+Five+Employees+Take+Actual+Lunch+Break.

22. "We're Not Taking Enough Lunch Breaks. Why That's Bad for Business", NPR, 5 mar. 2015, https://www.npr.org/sections/thesalt/2015/03/05/390726886/were-not-taking-enough-lunch-breaks-why-thats-bad-for-business.

23. "Physical Activity and Health", Centers for Disease Control and Prevention, 13 fev. 2018, https://www.cdc.gov/physicalactivity/basics/pa-health/index.htm.

24. "Physical Activity and Health", CDC.

25. Ben Opipari, "Need a Brain Boost? Exercise", *Washington Post*, 27 maio 2014, https://www.washingtonpost.com/lifestyle/wellness/need-a-brain-boost-exercise/2014/05/27/551773f4-db92-11e3-8009-71de85b9c527_story.html.

26. Russell Clayton, "How Regular Exercise Helps You Balance Work and Family", *Harvard Business Review*, 3 jan. 2014, https://hbr.org/2014/01/how-regular-exercise-helps-you-balance-work-and-family.

27. Clayton, "Regular Exercise".

28. Tom Jacobs, "Want to Get Rich? Get Fit", *Pacific Standard*, 31 jan. 2014, https://psmag.com/social-justice/want-get-rich-get-fit-72515.

29. Henry Cloud, *The Power of the Other* (Nova York: Harper Business, 2016), 9, 81.

30. Emily Stone, "Sitting Near a High-Performer Can Make You Better at Your Job", *KelloggInsight*, 8 maio 2017, https://insight.kellogg.northwestern.edu/article/sitting-near-a-high-performer-can-make-you-better-at-your-job.

31. Cloud, *Power of the Other*, 81.

32. Stone, "Sitting Near a High-Performer Can Make You Better at Your Job".

33. Virginia Postrel, *The Future and Its Enemies* (Nova York: Free Press, 1998), 188.

34. Stuart Brown, *Play* (Nova York: Avery, 2010), 127.

35. Jeremy Lott, "Hobbies of Highly Effective People", MichaelHyatt.com, 7 nov. 2017, https://michaelhyatt.com/hobbies-and-effectiveness/.

36. Paul Johnson, *Churchill* (Nova York: Penguin, 2009), 128, 163.

37. Winston S. Churchill, *Painting as a Pastime* (Londres: Unicorn, s.d.). Ele escreveu esse ensaio em 1948.

38. Shirley S. Wang, "Coffee Break? Walk in the Park? Why Unwinding Is Hard", *Wall Street Journal*, 30 ago. 2011, https://www.wsj.com/articles/SB10001424053111904199404576538260326965724.

MINDSET DO FOCO · Michael Hyatt

39. Chris Mooney, "Just Looking at Nature Can Help Your Brain Work Better, Study Finds", *Washington Post*, 26 maio 2015, https://www.washingtonpost.com/news/energy-environment/wp/2015/05/26/viewing-nature-can-help-your-brain-work-better-study-finds/.

40. Ruth Ann Atchley et al., "Creativity in the Wild: Improving Creative Reasoning through Immersion in Natural Settings", *PLOS One* 7, n. 12 (12 dez. 2012), http://journals.plos.org/plosone/article?id=10.1371/journal.pone.0051474.

41. Netta Weinstein, Andrew K. Przybylski e Richard M. Ryan, "Can Nature Make Us More Caring?", *Personality and Social Psychology Bulletin*, 5 ago. 2009, https://journals.sagepub.com/doi/abs/10.1177/0146167209341649. Diane Mapes, "Looking at Nature Makes You Nicer", NBCNews.com, 14 out. 2009, http://www.nbcnews.com/id/33243959/ns/health-behavior/t/looking-nature-makes-you-nicer.

42. Jill Suttie, "How Nature Can Make You Kinder, Happier, and More Creative", *Greater Good*, 2 mar. 2016, https://greatergood.berkeley.edu/article/item/how_nature_makes_you_kinder_happier_more_creative. Cecily Maller et al., "Healthy Nature Healthy People: 'Contact with Nature' as an Upstream Health Promotion Intervention for Populations", *Health Promotion International* 21, n. 1 (mar. 2006), https://academic.oup.com/heapro/article/21/1/45/646436. "How Does Nature Impact Our Wellbeing?", *Taking Charge of Your Health & Wellbeing* (University of Minnesota), https://www.takingcharge.csh.umn.edu/enhance-your-wellbeing/environment/nature-and-us/how-does-nature-impact-our-wellbeing.

43. "Unplugged for 24 hours", *New Philosopher*, fev./abr. 2016.

Capítulo 4 – Eliminar

1. Steve Turner, *Beatles '66* (Nova York: Ecco, 2016), 47.

2. Nas palavras de Friederike Fabritius e Hans W. Hagemann, "Ninguém questiona o fato de que você está indisponível quando já se encontra em uma reunião importante, mas muitas vezes há a possibilidade implícita de que você esteja livre quando não está em reunião. Contudo, quando precisa focar, você está em uma reunião importante – consigo mesmo." *The Leading Brain* (Nova York: TarcherPerigree, 2017), 91-92.

3. William Ury, *The Power of a Positive No* (Nova York: Bantam, 2007), 10-15.

4. Ury, *Positive No*, 14.

5. Ury, *Positive No*, 16-18.

Capítulo 5 – Automatizar

1. "Ritual", Dictionary.com, http://www.dictionary.com/browse/ritual.

2. Mason Currey, *Daily Rituals* (Nova York: Knopf, 2015), xiv. Veja também as considerações de Pang a respeito de rotinas matinais em *Rest*, 75-92.

3. Atul Gawande, "The Checklist", *New Yorker*, 10 dez. 2007, https://www.newyorker.com/magazine/2007/12/10/the-checklist. Ver também o livro de Gawande, *The Checklist Manifesto* (Nova York: Metropolitan Books, 2009).

NOTAS

Capítulo 6 – Delegar

1. Ashley V. Whillans et al., "Buying Time Promotes Happiness", *PNAS*, 8 ago. 2017, http://www.pnas.org/content/114/32/8523.

2. Adaptado e ampliado de Stephanie Winston, *The Organized Executive* (Nova York: Norton, 1983), 249-250.

Capítulo 7 – Consolidar

1. John Naish, "Is Multi-tasking Bad for Your Brain? Experts Reveal the Hidden Perils of Juggling Too Many Jobs", *Daily Mail*, 11 ago. 2009, http://www.dailymail.co.uk/health/article-1205669/Is-multi-tasking-bad-brain-Experts-reveal-hidden--perils-juggling-jobs.html.

2. Cal Newport, *Deep Work* (Nova York: Grand Central, 2014), 42.

3. Christine Rosen, "The Myth of Multitasking", *New Atlantis*, n. 20, primavera de 2008, https://www.thenewatlantis.com/publications/the-myth-of-multitasking.

4. Rosen, "Myth of Multitasking".

5. Hoje em dia nós costumamos produzir de três a quatro episódios do nosso podcast *Lead to Win* por vez. Nós reservamos um dia por mês para a gravação.

6. Jason Fried e David Heinemeier, *ReWork* (Nova York: Crown Business, 2010), 105.

7. Silverman, "Workplace Distractions".

8. William Shakespeare, *As You Like It* 2.7.139-142.

9. Garson O'Toole tem a história dos bastidores aqui: "Plans Are Worthless, But Planning Is Everything", *Quote Investigator*, 19 nov. 2017, https://quoteinvestigator.com/2017/11/18/planning.

10. Eu vislumbrei pela primeira vez a ideia por trás da Semana Ideal na obra de Todd Duncan, principalmente *Time Traps* (Nashville: Thomas Nelson, 2006), e em *The Organized Executive* de Stephanie Winston (Nova York: Warner Books, 1994). Eu adaptei a ideia no decorrer dos anos enquanto a aplicava à minha própria prática, bem como ajudei meus clientes de coaching.

11. Pang, *Rest*, 53-74.

12. Daniel H. Pink, *When* (Nova York: Riverhead, 2018), 9-35, 71. Pang repete esse conselho em *Rest*; veja a sua análise sobre ritmos, 81-85.

13. Rosen, "Myth of Multitasking".

Capítulo 8 – Especificar

1. Air Traffic Organization, *Air Traffic by the Numbers*, Federal Aviation Administration, out. 2017, https://www.faa.gov/air_traffic/by_the_numbers/media/Air_Traffic_by_the_Numbers_2017_Final.pdf.

2. Kiera Butler et al., "Harrowing, Heartbreaking Tales of Overworked Americans", *Mother Jones*, jul./ago. 2011, https://www.motherjones.com/politics/2011/06/stories-overworked-americans.

3. Matt Potter, "Harrowing Tales of Lindbergh Field Air Traffic", *San Diego Reader*, 6 dez. 2013, https://www.sandiegoreader.com/news/2013/dec/06/ticker-harrowing-tales-lindbergh-field-landings.

4. J. D. Meier apresenta um conceito semelhante em seu livro *Getting Results the Agile Way* (Bellevue: Innovative Playhouse, 2010), 56, 88.

5. Ver Stephen R. Covey, *The 7 Habits of Highly Effective People* (Nova York: Simon and Schuster, 2004), 160ff; Stephen R. Covey, A. Roger Merrill e Rebecca R. Merrill, *First Things First* (Nova York: Fireside, 1994), 37ff. A grade simples de quatro quadrantes foi desenvolvida por Covey, com base em uma observação do Gen. Eisenhower, citando um presidente de universidade anônimo: "'Eu tenho dois tipos de problemas, o urgente e o importante. O urgente não é importante, e o importante nunca é urgente.' Isso representa agora, creio eu, um dilema do homem moderno." Dwight D. Eisenhower, "Address at the Second Assembly of the World Council of Churches", Evanston, Illinois, 19 ago. 1954, https://www.presidency.ucsb.edu/documents/address-the-second-assembly-the-world-council-churches-evanston-illinois.

6. Meier apresenta uma versão dessa ideia em *Getting Results the Agile Way*, 56, 65. Ele dá a isso o nome de Regra de 3, e diz que escolher três tarefas para focar funciona porque nossa mente se organiza naturalmente em grupos de três. Ver Chris Bailey, *The Productivity Project* (Nova York: Crown Business, 2016), 40.

7. Gwen Moran, "What Successful Leaders' To-Do Lists Look Like", *Fast Company*, 25 mar. 2014, https://www.fastcompany.com/3028094/what-successful-leaders-to-do-lists-look-like.

8. Christina DesMarais, "The Daily Habits of 35 People at the Top of Their Game", *Inc.*, 13 jul. 2015, https://www.inc.com/christina-desmarais/the-daily-habits-of--35-people-at-the-top-of-their-game.html.

9. Seneca, *On the Shortness of Life*, trad. C.D.N. Costa (Nova York: Penguin, 2005), 1, 2, 4.

Capítulo 9 – Ativar

1. Matt Novak, "Thinking Cap," *Pacific Standard*, 2 maio 2013, https://psmag.com/environment/thinking-cap-gernsback-isolator-56505.

2. Nikil Saval aborda a história dessa tendência em seu livro *Cubed*, e Cal Newport avalia o estrago que isso causou à concentração em *Deep Work*.

3. "Can We Chat? Instant Messaging Apps Invade the Workplace", *ReportLinker*, 8 jun. 2017, https://www.reportlinker.com/insight/instant-messaging-apps-invade--workplace.html.

4. Eu comecei a pensar nas diferenças entre comunicação imediata e retardada em 2017, quando percebi o efeito negativo da comunicação imediata em minha própria equipe. Ver Allan Christensen, "How Doist Makes Remote Work Happen", ToDoist Blog, 25 maio 2017, https://blog.todoist.com/2017/05/25/how-doist--works-remote; Amir Salihefendic, "Why We're Betting Against Real-Time Team Messaging", Doist, 13 jun. 2017, https://blog.doist.com/why-were-betting-agains-t-real-time-team-messaging-521804a3da09; e Aleksandra Smelianska, "Asynchronous Communication for Remote Teams", YouTeam.io, https://youteam.io/blog/asynchronous-communication-for-remote-teams.

NOTAS

5. David Pierce, "Turn Off Your Push Notifications. All of Them", *Wired*, 23 jul. 2017, https://www.wired.com/story/turn-off-your-push-notifications/.

6. "'Infomania' Worse Than Marijuana", BBC News, 22 abr. 2005, http://news.bbc.co.uk/2/hi/uk_news/4471607.stm.

7. Fabritius e Hagemann, *Leading Brain*, 83.

8. Burkeman, "Attentional Commons".

9. Novak, "Thinking Cap".

10. Naish, "Is Multi-tasking Bad for Your Brain?".

11. Clay Shirky, "Why I Just Asked My Students to Put Their Latops Away", Medium, 8 set. 2014, https://medium.com/@cshirky/why-i-just-asked-my-students-to-put-their-laptops-away-7f5f7c50f368.

12. Aaron Gouveia, "Everything You've Always Wanted to Know about Wasting Time in the Office," SFGate.com, 28 jul. 2013, https://www.sfgate.com/jobs/salary/article/2013-Wasting-Time-at-Work-Survey-4374026.php.

13. Adam Gazzaley e Larry Rosen, *The Distracted Mind* (Cambridge: MIT Press, 2016), 165-166.

14. Ver David Rock, *Your Brain at Work* (Nova York: HarperBusiness, 2009), 55.

15. Edward M. Hallowell, *Driven to Distraction at Work* (Boston: Harvard Business Review Press, 2015), 6.

16. Chris Bailey, *HyperFocus* (Nova York: Viking, 2018), 105-106; Benjamin Hardy, *Willpower Doesn't Work* (Nova York: Hachette, 2018), 192; e Simone M. Ritter e Sam Ferguson, "Happy Creativity: Listening to Happy Music Facilitates Divergent Thinking", *PLOS One*, 6 set. 2017, https://journals.plos.org/plosone/article?id=10.1371/journal.pone.0182210.

17. Dean Burnett, "Does Music Really Help You Concentrate?", *The Guardian*, 20 ago. 2016, https://www.theguardian.com/education/2016/aug/20/does-music-really-help-you-concentrate.

18. Ver Fabritius e Hagemann, *Leading Brain*, 21-22, 28, 191.

19. Hardy, *Willpower Doesn't Work*, 190-195.

20. A respeito das vantagens ver Tim Harford, *Messy: The Power of Disorder to Transform our Lives* (Nova York: Riverhead, 2016).

21. Erin Doland, "Scientists Find Physical Clutter Negatively Affects Your Ability to Focus, Process Information", Unclutterer.com, 29 mar. 2011, https://unclutterer.com/2011/03/29/scientists-find-physical-clutter-negatively-affects-your-ability-to-focus-process-information/.

22. Ver o capítulo sobre distrações em Rock, *Your Brain at Work*, 45-59.

23. Fabritius and Hagemann, *Leading Brain*, 102.

Ponha o seu foco para funcionar
1. Ian Mortimer, *Millennium* (Nova York: Pegasus, 2016), 237-238.

ASSINE NOSSA NEWSLETTER E RECEBA INFORMAÇÕES DE TODOS OS LANÇAMENTOS

www.faroeditorial.com.br

Campanha

Há um grande número de pessoas vivendo com HIV e hepatites virais que não se trata. Gratuito e sigiloso, fazer o teste de HIV e hepatite é mais rápido do que ler um livro.

Faça o teste. Não fique na dúvida!

ESTA OBRA FOI IMPRESSA EM AGOSTO DE 2023

MINDSET DO FOCO